Billy Smith

Gottes Kraft in Dir

W0384892

Bestell-Adresse:

Agape Christliche Vereinigung
Franz-Sauer-Straße 46-50
A–5020 Salzburg
Telefon ..43 (0) 662/43 55 56
Fax ..43 (0) 662/4 35 55 68
e-Mail: agape salzburg@t-online.de

Gottes KRAFT in Dir

Billy B. Smith

Titel der Originalausgabe:
GOD'S POWER IN YOU / German · ISBN 1-879612-05-4
© 1996. Published by Billy Smith Ministries Publications
P.O. Box 6078, Fort Worth, Texas 76115, USA
Aus dem Englischen übersetzt

© 1998. Alle Rechte der deutschen Ausgabe bei:

Billy Smith Ministries Publications
P.O. Box 6078
Fort Worth, Texas 76115, USA
Telefon (817) 294-3533
Fax (817) 346-2837
e-Mail: bbsmith 100@aol.com
ISBN 1-879612-14-3

Die Bibelstellen sind in der Regel
der revidierten Elberfelder-Übersetzung entnommen.

Nachdruck, auch auszugsweise,
ist ohne schriftliche Genehmigung
nicht gestattet.

Printed in Germany

Inhaltsverzeichnis

Vorwort

Ich kenne den evangelistischen Dienst von Billy Smith seit etlichen Jahren. Er ist ein hingegebener Mann Gottes, der seiner Frau und seinen Kindern in tiefer Liebe verbunden ist. Billy Smith hat eine klare Berufung und Salbung zum Dienst des Evangelisten.

Auf ihm ruht eine besondere Salbung Gottes für Zeichen, Wunder und Heilungen. Er mißt der Ortsgemeinde große Bedeutung bei und begegnet den Pastoren mit größter Wertschätzung.

Pastor Bob Nichols
Calvary Cathedral Int'l.
Fort Worth, Texas

Wir können dieses Buch wärmstens empfehlen! Anne und ich haben darin große persönliche Ermutigung gefunden, denn es hat unseren Glauben gefördert, uns nach Zeichen und Wundern auszustrecken, um damit der Not der Menschen zu begegnen.

Dieses Buch ist voller Schriftstellen, die auch dich herausfordern möchten, auf größere Weise am Vollbringen der *"Werke"* teilzuhaben, die

Christus der Gemeinde aufgetragen hat.

Obwohl ein großer Teil der Gemeinde an Heilungen und Wunder glaubt, sind ihre Manifestationen nicht so vorhanden, wie sie sein sollten. *"Gottes Kraft in Dir"* möchte dazu beitragen, daß sie verstärkt in der Gemeinde auftreten.

Pastoren Keith und Anne Running
First Assemblies of God
Medicine Hat, Ab. Kanada

Ich bin überzeugt, daß dieses Buch dich inspirieren wird zu glauben, daß Gott durch dich mehr tun kann, als du je gebeten oder dir vorgestellt hast. Dank sei dem Herrn für Seine erstaunliche Kraft, die auch heute am Wirken ist.

Wieviele Leute stimmen dieser Wahrheit zu, aber vollbringen nicht das, was sie gemäß der Bibel tun können? Billy Smith gibt sich nicht damit zufrieden, einfach nur von den Wahrheiten des Wortes Gottes zu sprechen – er glaubt, daß es Gottes Wille ist, daß wir in dieser Wahrheit wandeln! Matthäus 28,18–20 ist eine Tatsache! Jesus Christus hat uns alle Kraft gegeben, alle Völker zu erreichen und alle Gebote zu jeder Zeit zu unterrichten. Aber es genügt nicht zu sagen, "Ja, der Missionsbefehl ist wahr"! Gottes Geist ist gekommen, um uns für diesen Auftrag mit Kraft auszustatten.

"Gottes Kraft in Dir" wurde geschrieben, um jeden Gläubigen zu ermutigen, nicht nur Hörer, sondern Täter des Wortes zu sein. Die Leidenschaft, mit der der Autor dieses Buch geschrie-

ben hat, soll dich ermutigen, deine Autorität als Gläubiger auszuüben. Er läßt dich Anteil haben an dem, was er durch Jahre im Dienst gelernt hat. Billy Smith ist der lebendige Beweis dafür, daß Gott dich tatsächlich bevollmächtigen wird, wenn du weißt, daß diese Verheißung wahr ist und dir gilt!

Pastor Bill Pipke
Evangel Pentecostal Church
Edmonton, Ab. Kanada

Einführung

Johannes 14, 12
12 Wahrlich, wahrlich, ich sage dir, ***wer an Mich glaubt, der wird die Werke, die ich tue, auch tun, und sogar größere Werke als diese wird er tun,*** **weil ich zum Vater gehe.**

Keine Worte haben die Christen je mehr begeistert als diese. Aber gleichzeitig haben auch keine anderen Worte die Christen mehr beängstigt als sie. Einerseits möchten wir uns diese Wahrheit zu Herzen nehmen, aber andererseits denken wir, daß dies ja sowieso unmöglich ist, weil Er Gott ist und wir einfach nur Männer und Frauen.

Ja, es stimmt: Wir sind Männer und Frauen; aber wir sind Männer und Frauen, die von Gott geschaffen worden sind – und uns ist eine Bestimmung gegeben und auch die Autorität und Kraft, die Dinge zu tun, von denen hier die Rede ist. Vom 1. Buch Mose bis zur Offenbarung sehen wir immer wieder, daß Gott Seiner Schöpfung, Seinen Kindern – der Gemeinde **(und das sind die Gläubigen)** – Autorität und Kraft gegeben hat, Seinen Plan und Seine Absicht auf dieser Erde zustandezubringen. Wenn das wahr ist, warum gelingt es dann den Gläubigen im großen und ganzen nicht, diese Kraft und Autorität einzusetzen und anzuwenden? Meiner Ansicht nach gibt es vier Gründe, warum einige Gläubige in ihrem Leben nicht in dieser Autorität und Kraft wandeln:

1. **Ein Mangel an Lehre** über die Autorität und Kraft, die ihnen gegeben worden ist, damit sie sie benutzen. Gott sagte in Hosea 4,6: *"Mein Volk kommt um aus Mangel an Erkenntnis."*

2. **Ein Geist der Minderwertigkeit**, dem viele Christen die Kontrolle über einen Teil oder sogar über ihr ganzes Leben überlassen. Ein **"was ist, wenn es nicht funktioniert"-Syndrom hält sie davon ab**, überhaupt auch nur den Versuch zu wagen, in der Autorität und Kraft zu wandeln, die Gott ihnen gegeben hat.

3. **Faulheit.** Einige Christen sind **einfach nur zu faul, um den Teufel zu bekämpfen oder ihm zu widerstehen** und das Werk des Dienstes zu tun.

4. **Willentliche Sünde**, die die Fähigkeit eines Menschen einschränkt, für den Geist Gottes empfindsam zu sein oder ihn daran hindert, in oder mit der Autorität und Kraft Gottes zu fließen.

Wir können nichts daran ändern, wenn jemand zu faul ist zu kämpfen; **aber wir können diejenigen unterrichten und ermutigen, die sich ändern möchten.** Deshalb habe ich dieses Buch geschrieben. Ich glaube, daß Gott Seine Kinder lehren möchte, in der Fülle **Seiner Kraft** zu leben.

Teil 1

Autorität und Kraft im Alten Testament

Kapitel 1

Die Autorität und Kraft Adams

Es ist in allen Jahrhunderten gängige Praxis gewesen, die Schuld für den Sündenfall immer der Frau zuzuschieben – war sie es doch, die von der verbotenen Frucht gegessen hatte. Dies ist jedoch im Hinblick auf Gottes Wort nicht ganz richtig. Eva wurde von der Schlange verführt, aber Adam beschloß, Gottes Anweisungen zuwiderzuhandeln. Adam hätte den Teufel davon abhalten können, Eva in die Irre zu führen, oder er hätte Eva daran hindern können, von der verbotenen Frucht zu essen. Doch er tat weder das eine noch das andere.

Sehen wir uns an, was Gottes Wort über die Schöpfung und den Fall der Menschheit sagt:

> **1. Mose 1, 26-28**
> **26 Und Gott sprach: Laßt uns Menschen machen in unserm Bild, uns ähnlich! *Sie sollen herrschen über die Fische* des Meeres und über die *Vögel* des Himmels und über das *Vieh* und über *die ganze Erde* und über *alle kriechenden Tiere*, die auf der Erde kriechen!**

27 Und Gott schuf den Menschen nach seinem Bild, nach dem Bild Gottes schuf er ihn; als Mann und Frau schuf er sie.
28 Und *Gott segnete sie,* und Gott sprach zu ihnen: *Seid fruchtbar und vermehrt euch,* und *füllt die Erde,* und *macht sie ‹euch› untertan;* und *herrscht über die Fische des Meeres* und *über die Vögel des Himmels* und *über alle Tiere, die sich auf der Erde regen!*

Hier offenbart Gott Seinen Plan für die Schöpfung und die Existenz der Menschheit. Beachte auch, daß Gott seit Seinem ersten Gedanken an die Menschen bereits geplant hatte, daß sie die Kraft und Autorität besitzen sollten, um auf der Erde zu leben und die Herrschaft über ihre Umgebung zu haben.

Gott hat nie jemandem aufgetragen, eine Aufgabe zu erfüllen, ohne ihn gleichzeitig mit Kraft und Vollmacht auszustatten – sowie auch mit den erforderlichen Fähigkeiten, um es zustandezubringen. Es wäre grausam und ungerecht, wenn Gott etwas von uns verlangen würde, uns aber die Autorität, Kraft oder Fähigkeit vorenthielte, die wir dazu brauchen.

1. Mose 2, 15
15 Und Gott, der HERR, nahm den Menschen und setzte ihn in den Garten Eden, *ihn zu bebauen* und *ihn zu bewahren.*

Wenn wir glauben, daß Gott Adam die Verantwortung gab, den Garten zu bebauen und zu bewahren, dann müssen wir annehmen, daß Er ihm gleichzeitig die Autorität und Fähigkeit gab, die dazu erforderlich war. Mit dieser Aussage im Sinn betrachten wir noch einmal 1. Mose 1,28: *"Und **Gott segnete sie;** und Gott sprach zu ihnen: **Seid fruchtbar und vermehrt euch,** und füllt die Erde und **macht sie ‹euch› untertan;** und **herrscht über die Fische des Meeres** und **über die Vögel des Himmels** und **über alle Tiere, die sich auf der Erde regen.**"*

Zuerst segnete Gott Adam und Eva und gebot ihnen, sich zu vermehren – Kinder zu haben. Dann wies Er sie an, **sich die Erde untertan zu machen – die Herrschaft darüber einzunehmen und sie in Besitz zu nehmen**. *Webster's Wörterbuch* definiert den Begriff **"untertan machen"** als "erobern, in Abhängigkeit bringen, unter Kontrolle bringen". Wir müssen verstehen, daß Gott ihnen nicht nur die Autorität verlieh, sondern auch die nötige Kraft; denn **ohne Kraft ist Autorität nutzlos**. Dann **gab Er ihnen Kraft und Vollmacht** über die Vögel und jedes lebendige Wesen auf Erden.

Als Gott Adam und Eva auftrug, sich die Erde untertan zu machen, steckte in dieser Aussage bereits **eine Vorwarnung** darauf, daß es nicht leicht sein würde – daß es einen Widersacher gab, der sie von dem abhalten wollte, was Gott ihnen aufgetragen hatte. Gott wollte ihnen verdeutlichen, daß jemand kommen würde, um zu **stehlen**, zu **töten** und zu **zerstören** (siehe Johannes 10,10). Er warnte sie, auf der Hut zu sein und auch nicht für einen einzigen Augenblick in ihrer Aufmerksamkeit nachzulassen.

Ebenso wie Adam der Auftrag gegeben wurde, sich die Erde untertan zu machen, haben auch wir Christen heute einen Auftrag Gottes bis zur Wiederkunft Christi zu erfüllen: in alle Welt zu gehen und das Evangelium zu verkündigen (siehe Matthäus 28,19; Markus 16,15). Und dazu steht uns Seine Kraft und Vollmacht zur Verfügung. Wir sehen dies in Johannes 14,12, wo Jesus sagte: *"Jeder, der an mich glaubt, wird die gleichen Wunder tun, die ich getan habe, und noch größere"* (The Living Bible).

Ebenso wie Gott Adam vor den Absichten Satans gewarnt hat, ermahnt Er dich und mich, jeden Tag wachsam zu bleiben. Denn so wie Jesus derselbe gestern, heute und morgen ist (Hebräer 13,8), ist auch Satan immer derselbe – er hat es nach wie vor darauf abgesehen, uns zu zerstören. In Johannes 10,10 informiert uns Gott, daß Satan gekommen ist, um zu stehlen und zu töten und zu zerstören. Er ermahnt uns, immer bereit zu sein, dem Teufel zu widerstehen:

1. Korinther 16, 13–14
13 *Wachet*, steht *fest* im Glauben; *seid mannhaft*, seid stark!
14 Alles *bei euch* geschehe in Liebe!

Vers 14 lautet in der Einheitsübersetzung: *"Alles, was IHR tut, geschehe in Liebe."*

Jakobus 4, 7
7 *Unterwerft* euch nun Gott! *Widersteht aber dem Teufel!* Und er wird von euch fliehen.

Wenn Gott Adam die Kraft und Vollmacht gegeben hat – wie konnte es Satan dann möglich sein, Eva zu verführen? Sehen wir uns den Sachverhalt einmal genauer an, damit wir verstehen, was Adam mit dieser gottgegebenen Kraft und Vollmacht getan hat – oder besser: nicht getan hat.

1. Mose 3, 1–17
1 Und die Schlange war listiger als alle Tiere des Feldes, die Gott, der HERR, gemacht hatte; und sie sprach zu der Frau: Hat Gott wirklich gesagt: Von allen Bäumen des Gartens dürft ihr nicht essen?
2 Da sagte die Frau zur Schlange: Von den Früchten der Bäume des Gartens essen wir;
3 aber von den Früchten des Baumes, der in der Mitte des Gartens ‹steht›, hat Gott gesagt: Ihr sollt nicht davon essen und sollt sie nicht berühren, damit ihr nicht sterbt!
4 Da sagte die Schlange zur Frau: Keineswegs werdet ihr sterben!
5 Sondern Gott weiß, daß an dem Tag, da ihr davon eßt, eure Augen aufgetan werden und ihr sein werdet wie Gott, erkennend Gutes und Böses.

In diesen ersten fünf Versen wird deutlich, wie überaus wichtig es ist, Gottes Wort zu kennen. Die Schlange verfälschte die Worte Gottes, und Eva fügte Gottes Worten etwas hinzu. Sowohl das eine als auch das andere kann dir und deinem Umfeld enormen Schaden zufügen. Als nächstes sehen wir, daß die Schlange Gott buchstäblich einer Lüge bezichtigte, als sie mit Eva redete: "Du wirst nicht sterben. Gott will nur nicht, daß du so klug bist wie Er. Er weiß, wenn du von dieser Frucht ißt, wirst du so weise werden wie Er." Und schon keimten **Neid** und **Eifersucht** auf! Wie wir wissen, kommen "Fäulnis" und Zerstörung in unser Leben, wenn wir diesen Dingen Raum geben, so wie Eva es getan hat.

> **6 Und die Frau *sah*, daß der Baum *gut zur Speise* und daß er *eine Lust für die Augen* und daß der Baum *begehrenswert war, Einsicht zu geben*; und sie nahm von seiner Frucht und aß, und sie gab auch ihrem Mann *BEI IHR*, und er aß.**

Eva hörte den Lügen der Schlange lange genug zu, bis sie ihr schließlich Glauben schenkte, anstatt sich an die Worte Gottes zu erinnern. Dasselbe geschieht heute ganz genauso: Wenn du eine Lüge nur oft genug hörst, wirst du sie irgendwann glauben. Und weil Eva diese Lüge für bare Münze nahm, erlaubte sie ihren fleischlichen Wünschen, sich über Gottes Wort hinwegzusetzen – und dies brachte ihren Niedergang.

Gottes Wort trägt uns eindeutig auf, sorgfältig darauf zu achten, was wir uns anhören. Gott weiß, wieviel Einfluß die Worte, die wir hören, auf uns haben können. Er sagt: *"Gib acht darauf, was du hörst. Das Maß [an Gedanken und Studium], das du [der Wahrheit, die du hörst,] gibst, wird das Maß [an Tugend und Wissen] sein, das zu dir zurückkommt"* (Markus 4,24, Erweiterte Übersetzung).

Beachtenswert ist auch, daß Eva ihrem Ehemann, der bei ihr war, von den Früchten gab. Adam war eigentlich derjenige gewesen, zu dem Gott gesprochen hatte; ihm hatte Gott aufgetragen, den Garten zu bebauen und zu bewahren. Er war es, dem Gott verboten hatte, von den Früchten dieses Baums zu essen. Doch Adam erfüllte seine Aufgabe nicht. Dadurch, daß er die Lüge des Feindes nicht richtigstellte und die Schlange nicht aus dem Garten vertrieb, erlaubte er der Schlange, seine Frau irrezuleiten.

Nachdem er an Eva keine äußerlichen Anzeichen eines Todes entdecken konnte, beschloß Adam, ebenfalls von den Früchten zu essen.

7 Da wurden ihrer beider Augen aufgetan, und sie erkannten, daß sie nackt waren; und sie hefteten Feigenblätter zusammen und machten sich Schurze.
8 Und sie hörten die Stimme Gottes, des HERRN, der im Garten wandelte bei der Kühle des Tages. Da versteckten sich der Mensch und seine Frau vor dem Angesicht Gottes, des HERRN, mitten zwischen den Bäumen des Gartens.
9 Und Gott, der HERR, rief den Menschen und sprach zu ihm: Wo bist du?
10 Da sagte er: Ich hörte deine Stimme im Garten, und ich fürchtete mich, weil ich nackt bin, und ich versteckte mich.
11 Und er sprach: Wer hat dir erzählt, daß du nackt bist? Hast du etwa von dem Baum gegessen, von dem ich dir geboten habe, du solltest nicht davon essen?

12 Da sagte der Mensch: Die Frau, die du
mir zur Seite gegeben hast, sie gab mir von
dem Baum, und ich aß.
13 Und Gott, der HERR, sprach zur Frau:
Was hast du da getan! Und die Frau sagte:
Die Schlange hat mich getäuscht, da aß ich.
14 Und Gott, der HERR, sprach zur Schlan-
ge: Weil du das getan hast, sollst du verflucht
sein unter allem Vieh und unter allen Tieren
des Feldes! Auf deinem Bauch sollst du
kriechen, und Staub sollst du fressen alle
Tage deines Lebens!
15 Und ich werde Feindschaft setzen zwi-
schen dir und der Frau, zwischen deinem Sa-
men und ihrem Samen; er wird dir den Kopf
zermalmen, und du, du wirst ihm die Ferse
zermalmen.
16 Zu der Frau sprach er: Ich werde sehr
vermehren die Mühsal deiner Schwanger-
schaft, mit Schmerzen sollst du Kinder gebä-
ren! Nach deinem Mann wird dein Verlan-
gen sein, er aber wird über dich herrschen!
17 Und zu Adam sprach er: Weil du auf
die Stimme deiner Frau gehört und geges-
sen hast von dem Baum, von dem ich dir ge-
boten habe: Du sollst davon nicht essen! –
so sei der Erdboden verflucht um deinetwil-
len: Mit Mühsal sollst du davon essen alle
Tage deines Lebens;

Wir sehen hier eindeutig: Wenn wir es ablehnen, Gott zu glauben und Seinem Willen gemäß zu handeln, bewegen wir uns unweigerlich aus Seinem Schutz und Segen heraus.

Wenn uns eine Aufgabe gegeben worden ist

– und dazu die Vollmacht und Kraft, sie zu erfüllen – und wir tun es nicht, kann es großes Unheil in unser Leben bringen.

Oft höre ich Leute sagen: "Warum hat Gott den Teufel nicht aufgehalten?" oder: "Warum hat Gott den Teufel nicht aus dem Garten gejagt?" **Wir müssen erkennen, daß Gott diese Autorität – eben genau das zu tun – Adam übergeben hat. Wenn Gott dir etwas gibt, betrachtet Er es als dein Eigentum, und Er erwartet, daß du es benutzt!** Er wird Sich nicht über dich hinwegsetzen. Er hat dir und mir Kraft und Vollmacht gegeben, und wenn wir diese nicht einsetzen, ist es nicht Seine Schuld.

Dadurch, daß Adam und Eva dem zuhörten und gehorchten, wozu Satan sie verführen wollte, übereigneten sie ihre Kraft und Vollmacht dem Teufel. Die Bibel macht unmißverständlich klar, daß jemand, der auf das Wort eines anderen hört und es befolgt, dessen Diener ist. Wenn du also Diener vom jemandem wirst, kommen all deine Kraft, Autorität und Fähigkeit ebenfalls unter seine Kontrolle.

Gott sucht nach Menschen, die auf Seine Worte hören und ihnen gehorchen. Er will, daß Seine Nachfolger den Feind, Satan, unterwerfen und die Autorität und Kraft, die ihnen tatsächlich zusteht, von ihm zurückfordern.

Im weiteren Verlauf des Alten Testaments stellen wir fest, daß Gott die Menschen zu jeder Zeit dazu aufrief, sich zu erheben und die Autorität zu benutzen, die Er ihnen anbietet. Einige von ihnen taten es, ... und andere taten es nicht.

Kapitel 2

»Mose-Mentalität«

Die Autorität, die Mose gegeben war

Viele sind zum Werk des Dienstes berufen, aber wenige scheinen bereit, diese Berufung und die damit verbundene Verantwortung anzunehmen. Der Hauptgrund dafür ist, daß die meisten Christen das haben, was ich die "Mentalität des Mose" nennen möchte. Das ganze Alte und Neue Testament hindurch findet man Menschen mit einer solchen "Mose-Mentalität".

Jetzt fragst du vielleicht: "Was ist eine 'Mose-Mentalität'?" Wenn du folgenden Abschnitt aus Gottes Wort liest, wirst du merken, was ich meine:

Die Berufung des Mose

2. Mose 3, 10–15
10 Nun aber geh hin, denn ich will dich zum Pharao senden, damit du mein Volk, die Söhne Israel, aus Ägypten herausführst!
11 Mose aber antwortete Gott: *Wer bin ich*, daß ich zum Pharao gehen und die Söhne Israel aus Ägypten herausführen sollte?

12 Da sprach er: ***Ich werde ja mit dir sein.*** **Und dies sei dir das Zeichen, daß ich dich gesandt habe:** ***Wenn du das Volk aus Ägypten herausgeführt hast,*** **werdet ihr an diesem Berg Gott dienen.**
13 Mose aber antwortete Gott: Siehe, wenn ich zu den Söhnen Israel komme und ihnen sage: Der Gott eurer Väter hat mich zu euch gesandt, und sie mich fragen: Was ist sein Name?, was soll ich dann zu ihnen sagen?
14 Da sprach Gott zu Mose: Ich bin, der ich bin. Dann sprach er: So sollst du zu den Söhnen Israel sagen: ‹Der› ***»Ich bin«*** **hat mich zu euch gesandt.**
15 Und Gott sprach weiter zu Mose: So sollst du zu den Söhnen Israel sagen: Jahwe, der Gott eurer Väter, der Gott Abrahams, der Gott Isaaks und der Gott Jakobs, hat mich zu euch gesandt. Das ist mein Name in Ewigkeit, und das ist meine Benennung von Generation zu Generation.

Beachte hier, daß Gott – der Schöpfer des Himmels und der Erde, der allwissend ist – von allen Menschen auf der Welt nur einen einzigen ausgewählt hatte, um eine bestimmte Aufgabe für Ihn zu erfüllen. Doch das erste, was Mose tat, war, Gott zu sagen, daß das ein großer Fehler war. Er fragte Gott: "Wer bin ich schon?" Gott entgegnete: "Verstehst du nicht, daß Ich mit dir sein werde?" Gott wird uns nie allein losschikken, weil Sein Wort sagt, daß Er uns nie verlassen noch versäumen wird.

5. Mose 31, 6 (siehe auch Hebräer 13,5)
6 Seid stark und mutig, fürchtet euch nicht und erschreckt nicht vor ihnen! Denn der HERR, dein Gott, er ist es, der mit dir geht; er wird dich nicht aufgeben und dich nicht verlassen.

Sind wir heute anders als die Männer und Frauen, die in den Tagen des Alten und Neuen Testamentes gelebt haben?

In Matthäus 28,19-20 sagt Jesus, daß wir hingehen und alle Völker lehren sollen. In Johannes 14,12 verheißt Er, daß wir die gleichen Wunder tun werden wie Er... und sogar noch größere, und in Markus 16,15-18 wird uns aufgetragen, das Evangelium der ganzen Schöpfung zu predigen, Dämonen auszutreiben, in neuen Zungen zu sprechen und den Kranken die Hände aufzulegen. Und trotzdem wollen sich einige davor drücken und fragen: **"Aber wer bin ich denn schon, Herr?"**

Beachte im 2. Mose 3,12, daß Gottes Antwort darauf lautete: *"Ich werde mit dir sein."* Und dann – ohne auch nur den geringsten Gedanken daran zu verschwenden, daß Mose eventuell versagen könnte – fuhr Er fort: *"Wenn DU das Volk aus Ägypten GEFÜHRT HAST, werdet ihr an diesem Berg Gott dienen."*

Sicher meinst du, daß sich Mose nun in den Plan Gottes fügte, denn Gott hatte ihm bestätigt, daß Er mit ihm sein würde. Offenbar hatte Mose aber nicht richtig zugehört: immer noch rechnete er mit einem Fehlschlag.

Gemäß dem Wortlaut einer englischen Bibelfassung sagte Mose in Vers 13 zu Gott: *"ANGENOMMEN, ich gehe zu den Israeliten und sage ihnen: 'Der Gott eurer Väter hat mich zu euch geschickt', und sie fragen mich, 'Wie ist Sein Name?', was soll ich dann antworten?"* (New International Version).

Ich glaube, daß Gottes Antwort eine der tiefgründigsten Aussagen ist, die überhaupt in der Bibel zu finden sind: "Sage ihnen: ICH BIN hat dich gesandt." Einige wundern sich jetzt vielleicht: "Was ist das denn für ein Name?" Es ist nicht nur ein Name, es ist auch ein Versprechen. Er sagte: **"Ich bin das, was immer du brauchst."** Heute ist es nicht anders. Er ist unser Versorger... Er ist unser Heiler... Er ist unser Befreier... und Er ist auch unser Retter. **Er ist für uns immer genau das, was wir gerade brauchen.**

Trotzdem sehen wir immer noch, daß Mose Gott nicht wirklich zuhörte. Er hörte seinen eigenen Vorstellungen und den Gedanken zu, mit denen Satan seinen Verstand bedrängte.

2. Mose 4, 1-17

1 Da antwortete Mose und sagte: *Und wenn sie mir nicht glauben und nicht auf meine Stimme hören, sondern sagen:* Der HERR ist dir nicht erschienen?

2 Da *sprach der HERR* zu ihm: Was ist das da in deiner Hand? Er sagte: Ein Stab.

3 Und *er sprach:* Wirf ihn auf die Erde! Da warf er ihn auf die Erde, und er wurde zu einer Schlange, und Mose floh vor ihr.

4 *Der HERR aber sprach* zu Mose: *Strecke deine Hand aus und fasse sie beim Schwanz!*

Da streckte er seine Hand aus und ergriff
sie, und sie wurde in seiner Hand zum Stab:
5 Damit sie glauben, daß dir der HERR er-
schienen ist, der Gott ihrer Väter, der Gott
Abrahams, der Gott Isaaks und der Gott
Jakobs.
6 Und *der HERR sprach* weiter zu ihm:
Stecke doch deine Hand in deinen Gewand-
bausch! Da steckte er seine Hand in seinen
Gewandbausch. Und als er sie herauszog,
siehe, da war seine Hand ‹weiß› von Aus-
satz, wie Schnee.
7 Und *er sprach:* Tu deine Hand wieder in
deinen Gewandbausch! Da tat er seine
Hand wieder in seinen Gewandbausch. Und
als er sie aus seinem Gewandbausch heraus-
zog, da war sie wieder wie sein ‹übriges›
Fleisch.
8 Und es wird geschehen, wenn sie dir
nicht glauben und nicht auf die Stimme des
ersten Zeichens hören, dann werden sie
‹doch wegen› der Stimme des zweiten Zei-
chens glauben.
9 Und es wird geschehen, wenn sie selbst
diesen beiden Zeichen nicht glauben und
nicht auf deine Stimme hören, dann nimm
vom Wasser des Nil und gieße es auf das
trockene Land! Dann wird das Wasser, das
du aus dem Nil nehmen wirst, auf dem trok-
kenen Land zu Blut werden.
10 Mose aber antwortete dem HERRN:
*Ach, Herr! Ich bin kein redegewandter
Mann, weder seit gestern noch seit vorge-
stern, noch seitdem du zu deinem Knecht
redest; denn unbeholfen ist mein Mund und*

unbeholfen meine Zunge.
11 Da *sprach der HERR* zu ihm: Wer hat dem Menschen den Mund gemacht? Oder wer macht stumm oder taub, sehend oder blind? Nicht ich, der HERR?
12 *Und nun geh hin! Ich will mit deinem Mund sein und dich unterweisen, was du reden sollst.*
13 Er aber erwiderte: Ach, Herr! *Sende doch, durch wen du senden willst!*
14 Da entbrannte der Zorn des HERRN gegen Mose, und *er sprach:* Ist nicht dein Bruder Aaron ‹da›, der Levit? Ich weiß, daß er reden kann. Und siehe, er geht auch ‹schon› aus, dir entgegen. Und wenn er dich sieht, wird er sich freuen in seinem Herzen.
15 Dann sollst du zu ihm reden und die Worte in seinen Mund legen, und ich will mit deinem Mund und mit seinem Mund sein und will euch unterweisen, was ihr tun sollt.
16 Er aber soll für dich zum Volk reden. Und es wird geschehen, er wird für dich zum Mund sein, und du wirst für ihn zum Gott sein.
17 *Und diesen Stab sollst du in deine Hand nehmen; damit sollst du die Zeichen tun.*

Mose ließ das **"Was ist, wenn"-Syndrom** in sich aufsteigen. Du weißt genau, was ich damit meine: "Was ist, wenn es nicht funktioniert? Was ist, wenn sie mir nicht glauben? Was ist, wenn… Was ist, wenn…?"

Oft sagt man leichtfertig: "Wenn ich Mose

gewesen wäre und Gott hätte zu mir gesprochen, ich hätte es getan!" – Gott hat tatsächlich zu dir und mir gesprochen: in Matthäus 28,19–20, Markus 16,15–20 und Johannes 14,12, als Er uns auftrug, hinzugehen und Seine Werke zu tun. Aber offenbar kommen wir mit denselben Ausreden, die schon Mose gebrauchte: **"Wer bin ich denn schon? Was kann ich denn tun?"**

Mose fing bereits in Vers 1 damit an: "Was ist, wenn sie mir nicht glauben? Was ist, wenn sie nicht auf mich hören?" Es sind immer dieselben Ängste und Ausflüchte, die Satan seit dem Sündenfall benutzt, um Menschen daran zu hindern, Gottes Werk zu tun.

Gott wollte Mose ermutigen, Ihm zu vertrauen, seine Stärke und Fähigkeit Gott zu übergeben, damit Er ihn mit Seiner Stärke und Seiner Fähigkeit ausstatten könnte.

Ich möchte hier darauf hinweisen, daß Gott immer willens ist, Sein Wort und Seinen Ruf auf dem Leben von Menschen unter Beweis zu stellen. Und wenn Er es tut, ist es immer durch eine Handlung Seiner übernatürlichen Kraft. Wir sehen dies bei Mose, Gideon und vielen anderen im Alten Testament, ebenso bei Jesus und den Jüngern im Neuen.

In Vers 2 sprach Gott zu Mose: *"Was hältst du da in der Hand?"* Mose antwortete: *"Einen Stab"* (einen Stecken, einen gewöhnlichen Stock). Gott trug ihm auf, den Stab auf den Boden zu werfen, und als Mose das tat, verwandelte sich der Stab in eine Schlange. Und Mose tat das Natürlichste von der Welt: er lief davon.

Was danach geschah, war ein ebenso großes Wunder: der Skeptiker fing an, Gott ein kleines bißchen zu vertrauen. Gott wies Mose an, die Schlange am Schwanz zu ergreifen, und er tat es. Es war dieselbe Schlange, vor der er gerade ein paar Augenblicke zuvor die Flucht ergriffen hatte.

Gott ließ es nicht bei einem Wunder bewenden – Er tat ein zweites. Dann sagte Er Mose, daß Er dieselben Wunder *durch ihn* tun würde. Und sollte man ihm dann immer noch nicht glauben, würde Er überdies noch ein weiteres Wunder tun, nur um zu beweisen, daß Mose tatsächlich von Gott gesandt war.

Nach all diesen Beweisen und Demonstrationen Gottes meint man nun, daß schließlich der letzte mittlerweile völlig davon überzeugt wäre und voller Begeisterung und Tatendrang den Auftrag Gottes – des Schöpfers von Himmel und Erde – in Angriff nehmen möchte. Doch Mose suchte immer noch eine Ausrede.

In Vers 10 sagte Mose Gott ein weiteres Mal, daß Er den Falschen erwählt hatte: *"Ach Herr, ...ich bin noch nie ein guter Redner gewesen. Auch jetzt, wo du mit mir sprichst, hat sich daran nichts geändert. Ich rede nicht gerne, die Worte kommen mir nur schwer über die Lippen"* (Hoffnung für alle).

In Vers 11 unternahm Gott einen weiteren Anlauf, das Vertrauen von Mose zu gewinnen, und sagte ihm, daß Er derjenige war, der seinen Mund geschaffen hatte. Er versicherte ihm, daß Er ihm die richtigen Worte in den Mund legen würde. Dasselbe bestätigt Gott auch uns heute:

Sein Wort sagt, daß wir uns nicht sorgen sollen, wenn wir vor Richter und Könige gebracht werden, weil Er uns die Worte geben wird, die wir sagen sollen. *"Und nun geh hin! Ich will mit deinem Mund sein und dich unterweisen, was du reden sollst"* (2. Mose 4,12).

Du meinst, mit Sicherheit würde Mose nun endlich bereitwillig gehen und das tun, wozu Gott ihn berufen hatte? Weit gefehlt! In Vers 13 sehen wir seinen nächsten Versuch, sich davor zu drücken: *"Herr, **sende doch lieber einen anderen**!"* (Hoffnung für alle).

Irgendwann ist der Punkt erreicht, an dem sogar Gott zornig wird. Das Wort lehrt uns, nicht grundlos zornig zu werden (siehe Matthäus 5,22), doch in diesem Fall hatte Gott bestimmt einen Grund. Er hatte alles mögliche versucht, um Mose davon zu überzeugen, daß er der richtige Mann für diesen Auftrag war und daß Er ihn nicht allein aussenden würde. Er selbst – Gott – würde mit ihm sein.

Zusätzlich würde sein Bruder Aaron ihn begleiten, der an seiner Stelle sprechen solle. Aber für Mose gab es keine Möglichkeit, sich davor zu drücken. Mose war derjenige, den Gott erwählt hatte, und Gott bereut Seine Entscheidung nicht. Selbst wenn du das, was Gott dir aufgetragen hat, nie tust, warst du noch der beste Kandidat für die entsprechende Aufgabe.

Beachte den letzten Punkt, den Gott mit Mose besprach, bevor er sich auf den Weg machte, um seinen Bruder Aaron zu treffen. Im 2. Mose 4,17 erinnerte Gott Mose, seinen Stab nicht zu vergessen: *"Vergiß auch deinen Stab nicht, denn* ***mit ihm wirst du die Zeichen tun****, die deinen Auftrag bestätigen!"* (Hoffnung für alle).

Gott legte eine besondere Salbung auf und in diesen Stab, den Mose benutzen sollte. Gott sagte nicht: "Ich werde diese wunderbaren Zeichen für dich tun" – Mose würde sie tun. Wegen der göttlichen Autorität, Kraft und Fähigkeit, die Gott Mose zur Verfügung gestellt hatte, war er in der Lage, diese Wunder zu vollbringen. Überall in der Bibel sehen wir, daß Gott Menschen berief, in Seinem Namen – **an Seiner Statt** – Dinge zu tun, und immer gab Er ihnen Seine Vollmacht, Seine Fähigkeit und Seine Kraft, die sie in die Lage versetzten, das auszuführen, was Er ihnen aufgetragen hatte.

Wenn ich in einem Gottesdienst die Anwesenden frage: "Wer teilte das Rote Meer?" bekomme ich fast immer dieselbe Antwort: **"Gott!"** Und selbstverständlich ist die Antwort unvollständig. Gott würde Sich nicht über die Autorität und Kraft hinwegsetzen, die Er Mose gegeben hatte, um Israel aus Ägypten zu führen; aber Er war da, um all das, was Mose sagte oder tat, zu bestätigen, wie wir gleich in der nächsten Textstelle sehen werden:

2. Mose 14, 15–29
15 Und der HERR sprach zu Mose: ***Was schreist du zu mir?*** **Befiehl den Söhnen Israel, daß sie aufbrechen!**
16 ***DU aber erhebe deinen Stab und strecke deine Hand über das Meer aus und SPALTE ES, damit die Söhne Israel auf trockenem***

Land mitten in das Meer hineingehen!
17 Ich jedoch, siehe, ich will das Herz der
Ägypter verstocken, so daß sie hinter ihnen
herkommen. Und ich will mich verherr-
lichen am Pharao und an seiner ganzen
Heeresmacht, an seinen Streitwagen und
Reitern.
18 Dann sollen die Ägypter erkennen, daß
ich der HERR bin, wenn ich mich am Pha-
rao, an seinen Wagen und Männern ver-
herrlicht habe.
19 Und der Engel Gottes, der vor dem
Heer Israels herzog, brach auf und trat hin-
ter sie; und die Wolkensäule vor ihnen
brach auf und stellte sich hinter sie.
20 So kam sie zwischen das Heer der
Ägypter und das Heer Israels, und sie wurde
‹dort› Gewölk und Finsternis und erleuch-
tete ‹hier› die Nacht, so kam jenes ‹Heer›
diesem die ganze Nacht nicht näher.
21 Und Mose streckte seine Hand über
das Meer aus, und der HERR ließ das Meer
die ganze Nacht durch einen starken Ost-
wind zurückweichen und machte ‹so› das
Meer zum trockenen Land, und die Wasser
teilten sich.
22 Dann gingen die Söhne Israel auf trok-
kenem Land mitten in das Meer hinein, und
die Wasser waren ihnen eine Mauer zur
Rechten und zur Linken.
23 Die Ägypter aber jagten ihnen nach
und kamen hinter ihnen her, alle Pferde des
Pharao, seine Streitwagen und Reiter, mit-
ten ins Meer hinein.
24 Und es geschah: In ‹der Zeit› der Mor-

genwache, da schaute der HERR in der Feuer- und Wolkensäule auf das Heer der Ägypter herab und brachte das Heer der Ägypter in Verwirrung.
25 Dann stieß er die Räder von ihren Wagen ab und ließ sie nur mühsam vorankommen. Da sagten die Ägypter: Laßt uns vor Israel fliehen, denn der HERR kämpft für sie gegen die Ägypter!
26 *Der HERR aber sprach* zu Mose: *Strecke deine Hand über das Meer aus, damit die Wasser auf die Ägypter, auf ihre Wagen und über ihre Reiter zurückkehren!*
27 Da *streckte Mose seine Hand* über das Meer aus, und das Meer kehrte beim Anbruch des Morgens zu seiner Strömung zurück. Und die Ägypter flohen ihm entgegen. *Der HERR aber trieb die Ägypter* mitten ins Meer.
28 So kehrten die Wasser zurück und bedeckten die Wagen und Reiter der ganzen Heeresmacht des Pharao, die ihnen ins Meer nachgekommen waren; es blieb auch nicht einer von ihnen übrig.
29 *Die Söhne Israel aber waren auf trokkenem Land mitten durch das Meer gegangen, und die Wasser waren ihnen eine Mauer zur Rechten und zur Linken gewesen.*

Nach all den Wundern, die durch die Hände des Mose in Ägypten geschehen waren, war dies nun **Gottes Art und Weise, Mose und den Kindern Israel zu bestätigen, daß Er mit ihnen war.** Doch sobald das erste Hindernis vor ihnen auftauchte, fingen sie an zu zweifeln.

Mose schrie zu Gott um Hilfe, aber Er wies Mose zurecht und sagte ihm, daß *er* die Kraft und Autorität hatte... und daß er sie einfach einsetzen sollte. Verse 15 und 16 bringen Gottes Reaktion zum Ausdruck: *"Und der HERR sprach zu Mose:* ***Was schreist du zu mir?*** *Befiehl den Söhnen Israel, daß sie aufbrechen! DU ABER erhebe deinen Stab und strecke deine Hand über das Meer aus und SPALTE ES, damit die Söhne Israel auf trockenem Land mitten in das Meer hineingehen!"*

Gott erinnerte Mose daran, daß die Kraft im Stab war. Er wies ihn an, ihn hochzuheben und damit das Meer zu teilen, damit die Kinder Israels trockenen Fußes hinübergehen könnten. **Ich möchte, daß du verstehst, daß Gott Seinen Teil nicht tun kann, bis wir unseren tun.** *"So kam sie zwischen das Heer der Ägypter und das Heer Israels, und sie wurde ‹dort› Gewölk und Finsternis und erleuchtete ‹hier› die Nacht, so kam jenes ‹Heer› diesem die ganze Nacht nicht näher. Und Mose streckte seine Hand über das Meer aus, und der HERR ließ das Meer die ganze Nacht durch einen starken Ostwind zurückweichen und machte ‹so› das Meer zum trockenen Land, und die Wasser teilten sich"* (Verse 21-22).

Zuerst steckte Mose seine Hand über dem Meer aus, um es zu teilen – und dann bestätigte Gott das, was Mose gerade getan hatte, durch das übernatürliche Einsetzen des starken Windes. Wenn Mose den Stab nicht benutzt hätte, hätte Gott nichts für sie tun können. Gott hatte Mose die Kraft und Vollmacht gegeben, damit er sie benutzte, und Gott würde Sich nicht über diese Autorität hinwegsetzen. Beachte folgende Schlußfolgerung in Vers 26: Wenn Mose das Meer nicht geschlossen hätte, würde es noch offen stehen, denn *"...der HERR sprach zu Mose:* ***Strecke deine Hand aus über dem Meer, damit die Wasser über die Ägypter kämen, über ihre Streitwagen und ihre Reiter."***

Im Neuen Testament war – und ist – es ganz genauso:

In Markus 16,20 heißt es, daß die Gläubigen ausgingen und überall predigten, während der Herr mit ihnen wirkte und das Wort bekräftigte, das sie predigten.

Wenn Gott uns etwas aufträgt, dann steht Er hundertprozentig hinter uns!

Kapitel 3

Simson, der Mensch und Simson, der Gesalbte

Die Salbung Simsons

Bevor wir über Simson sprechen, sehen wir uns zunächst zwei Verse aus dem 1. Buch Samuel an:

> **Samuel 10, 6–7**
> **6** ***Und der Geist des HERRN wird*** [MÄCHTIG][1] über dich kommen, **und du wirst mit ihnen weissagen und wirst *in einen anderen Menschen umgewandelt werden.***
> **7 Und es soll geschehen, wenn bei dir diese Zeichen eintreffen, so tu, was deine Hand finden wird** [WAS DIE SITUATION ERFORDERT][1]**! Denn Gott ist mit dir.**

Saul war nur ein Mensch, aber er war von Gott erwählt, König zu werden. Der Prophet Gottes sagte ihm, daß er zu einem anderen Menschen werden würde, wenn der Geist Gottes auf ihn käme. Samuel sagte: *"Der Geist des Herrn wird über dich kommen... von da an wirst du ein*

---

1 Hinzufügungen aus der *New American Standard*

ganz anderer Mensch sein… dann tu einfach, was dir in den Sinn kommt, denn Gott ist mit dir" (Hoffnung für alle).

Beachte, daß Saul keine Grenzen gesetzt waren: Der Mann Gottes sagte: "*…was die Situation erfordert."* Oder: "*…was dir in den Sinn kommt."* Saul war ein normaler Mensch, aber wenn der Geist Gottes auf ihn kam, hat ihn das verändert.

Nun wollen wir Simson betrachten, den Mann, den Gott erwählt hat, um die Befreiung der Israeliten von den Philistern in Gang zu setzen. Simson war ein ganz normaler junger Mann, der genauso dachte und handelte wie alle seine Zeitgenossen. Er war kein Wunderknabe – er war sogar manchmal rebellisch. Dennoch war er derjenige, den Gott für diese besondere Aufgabe erwählt hatte.

Beachte in diesen nächsten Versen, was mit einem Menschen geschieht, auf den der Geist des Herrn kommt:

> **Richter 14, 5-6**
> **5 Und Simson ging mit seinem Vater und seiner Mutter nach Timna hinab. Als sie nun an die Weinberge von Timna kamen, siehe, da ‹sprang› ein Junglöwe brüllend ihm entgegen.**
> **6 *Da kam der Geist des HERRN*** [MÄCHTIG][1] ***über ihn.* Und *er zerriß ihn*** [den Löwen]**, wie man ein Böckchen zerreißt; und er hatte gar nichts in seiner Hand. Aber seinem Vater und seiner Mutter erzählte er nicht, was er getan hatte.**

Kein normaler Mensch könnte so etwas tun. Aber als der Geist des Herrn mit aller Macht auf Simson kam, tötete er den Löwen. **Es war Simson – nicht Gott.** Wir müssen uns erinnern, daß Gottes Kraft auf Simson ihn dazu befähigt hatte.

Richter 14, 19
19 Und *der Geist des HERRN kam* [MÄCHTIG][1] *über ihn.* Und er *ging hinab* nach Aschkelon und erschlug dreißig Mann von ihnen und zog ihnen die Ausrüstung aus und gab die Festkleider denen, die das Rätsel gelöst hatten. Und sein Zorn entbrannte, so daß er ins Haus seines Vaters hinaufging.

Als der Geist des Herrn machtvoll auf ihn kam, **ging er in die Stadt,** tötete dreißig Philister, nahm ihre Beute und gab denen, die das Rätsel gelöst hatten, Feierkleider.

Richter 15, 4–5
4 Und *Simson ging hin und fing dreihundert Füchse.* Und er nahm Fackeln und kehrte Schwanz zu Schwanz und befestigte eine Fackel zwischen je zwei Schwänzen in der Mitte.
5 Dann zündete er die Fackeln mit Feuer an, *ließ ‹die Füchse› los* in das stehende Getreide der Philister und steckte ‹alles› in Brand vom Garbenhaufen bis zum stehenden Getreide, ja, bis zum Weinberg ‹und› Olivenbaum.

Simson ging hinaus und fing dreihundert Füchse. Die Schrift sagt nicht, daß Gott sie für ihn fing. Aber nur **wenn der Geist des Herrn auf ihm ruhte**, konnte er solche gewaltigen Taten vollbringen.

Richter 15, 14-16
14 Als er nach Lehi kam, da jauchzten ihm die Philister entgegen. Aber ***der Geist des HERRN kam*** [MÄCHTIG][1] ***über ihn*****, da wurden die Stricke, die an seinen Armen waren, wie Flachsfäden, die vom Feuer versengt sind, und seine Fesseln schmolzen von seinen Händen weg.**
15 Und ***er fand einen frischen Eselskinnbacken*****, und** ***er streckte seine Hand aus, nahm ihn*** **und** ***erschlug damit tausend Mann.***
16 Und Simson sprach: Mit dem Eselskinnbacken ‹schlug ich› einen Haufen, zwei Haufen! Mit dem Eselskinnbacken ***erschlug ich tausend Mann!***

Kannst du dir vorstellen, daß es jemandem, der lediglich den Kieferknochen eines Esels zur Verfügung hat, in den Sinn kommen könnte, auch nur einen einzigen bewaffneten Soldaten anzugreifen – geschweige denn diesen Soldaten damit auch noch zu töten? Simson tat es – nicht nur stellte er sich einem Soldaten in den Weg und tötete ihn mit einem Eselskiefer, sondern er tat das noch weitere 999 mal! **Als die Salbung Gottes auf ihn kam, tötete er tausend Soldaten mit diesem Kieferknochen.**

Was geschieht, wenn die Salbung Gottes einen Menschen verläßt?

Richter 16, 18–21
18 Und als Delila sah, daß er ihr sein gan-
zes Herz anvertraut hatte, sandte sie hin und
rief die Fürsten der Philister und ‹ließ ih-
nen› sagen: ***Diesmal kommt herauf, denn er***
hat mir sein ganzes Herz anvertraut! **Da ka-**
men die Fürsten der Philister zu ihr herauf,
und in ihrer Hand brachten sie das Geld mit.
19 Und sie ließ ihn auf ihren Knien ein-
schlafen. Dann rief sie den Mann und ließ
die sieben Haarflechten seines Hauptes ab-
scheren. So begann sie, ihn zu bezwingen,
und seine Kraft wich von ihm.
20 Und sie sagte: Philister über dir, Sim-
son! ***Da wachte er auf von seinem Schlaf***
und sagte ‹sich›: Ich werde davonkommen,
wie es Mal für Mal ‹gelang›, und werde
mich freischütteln. Er wußte aber nicht, daß
der HERR von ihm gewichen war.
21 Und ***die Philister packten ihn*** **und** ***sta-***
chen ihm die Augen aus. **Und sie führten ihn**
nach Gaza hinab und ***banden ihn mit eher-***
nen Fesseln, und er mußte im Gefängnis die
Mühle drehen.

In diesen Versen gibt es zwei wichtige Dinge zu bemerken:

1. Ebenso wie Adam **seine Autorität und Salbung** im Garten Eden an die Schlange **verlor** und sie dadurch verwirkte, daß er sich mit dem Feind verbündete, ließ sich auch Simson mit einem Partner des Feindes ein, Delila, und **gab seinen Bund oder das Symbol seiner Salbung preis**. Die glei-

che Salbung wie im Stab des Mose war in Simsons Haar.

2. Der Feind schnitt Simsons Haar – und damit die Salbung – ab, und nun unterschied sich Simson nicht mehr von allen anderen. Er hatte seine Kraft verloren. Nun war es seinen Feinden ein leichtes, ihn zu besiegen und mit ihm umzuspringen, wie es ihnen gefiel. Sie verspotteten ihn und seinen Gott, weil sie meinten, sie hätten gewonnen.

Der Teufel freut sich immer hämisch, wenn wir fallen. Er redet uns ein, daß es kein Zurück gibt, daß Gott uns niemals vergeben und uns nicht mehr lieben würde. Aber das ist eine Lüge, wie wir in den nächsten Versen erkennen werden:

Richter 16, 23–30

23 Und die Fürsten der Philister versammelten sich zu einem Freudenfest, um ihrem Gott Dagon ein großes Schlachtopfer darzubringen. Denn sie sagten: *Unser Gott hat Simson, unseren Feind, in unsere Hand gegeben.*

24 Und als das Volk ihn sah, lobten sie ihren Gott. Denn sie sagten: *Unser Gott hat unseren Feind in unsere Hand gegeben, den, der unser Land verheerte, und den, der unsere Erschlagenen zahlreich machte.*

25 Und es geschah, als ihr Herz fröhlich war, sagten sie: Ruft Simson herbei, er soll für uns Späße machen! Und sie riefen Simson aus dem Gefängnis, und er mußte vor ihnen Späße machen. Und sie stellten ihn

zwischen die Säulen.
26 Und Simson sagte zu dem Jungen, der ihn an der Hand hielt: Laß mich, daß ich die Säulen betaste, auf denen das Haus ruht. Ich will mich an sie lehnen.
27 Das Haus war aber voll von Männern und Frauen, und alle Fürsten der Philister waren ‹ebenfalls› dort. Und auf dem Dach waren an die dreitausend Männer und Frauen, die zusahen, wie Simson Späße machen mußte.
28 ***Da rief Simson zu dem HERRN und sagte: Herr, HERR! Denke doch an mich und stärke mich doch nur diesmal ‹noch›, o Gott, damit ich Rache nehmen kann an den Philistern – eine Rache ‹nur› für meine beiden Augen!***
29 Dann umfaßte Simson die beiden Mittelsäulen, auf denen das Haus ruhte, stemmte sich gegen sie – ‹gegen› die eine mit seiner Rechten und ‹gegen› die andere mit seiner Linken.
30 Und Simson sagte: ***Meine Seele sterbe mit den Philistern!*** **Und er beugte sich mit ‹aller› Kraft.** ***Da fiel das Haus auf die Fürsten und auf alles Volk, das darin war. So waren die Toten, die er mit seinem Tod tötete, zahlreicher als die, die er in seinem Leben getötet hatte.***

Gott sprach einmal zur mir, während ich eine schlimme Zeit in meinem Leben durchmachte: **"Wenn es aussieht, als ob der Teufel gewonnen hat, ist das nur eine Gelegenheit für Mich, Meine Kraft und Autorität zu offenbaren."**

Wenn wir eine Niederlage erleiden, geschieht es allzu oft, daß wir uns in Selbstmitleid baden und aufgeben möchten. Aber Gott fordert uns auf, aufzustehen und uns dem Teufel zu widersetzen, *denn dann wird er von uns fliehen* (Jakobus 4,7).

Der Teufel kann uns nicht dazu zwingen, irgend etwas zu tun. Er kann uns nur das zufügen, was wir ihm erlauben. Selbst wenn du kein Christ bist, muß er deine Erlaubnis haben, um dir etwas anzutun.

Ich weiß, daß du dem Teufel natürlich nicht offen sagen würdest, daß er dich und deine Familie gerne angreifen darf. Aber wenn du dich ihm nicht widersetzt oder die Autorität ergreifst, die Gott dir in Seinem Wort verliehen hat, dann gibst du ihm Raum, dir Dinge anzutun, von denen Gott nie wollte, daß sie dir widerfahren.

Ohne Erkenntnis von Gottes Wort werden wir nicht fähig sein, dem Teufel zu widerstehen. Jesus ist unser Vorbild: Er widerstand dem Teufel immer mit Gottes Wort. Und umgekehrt kann Satan uns besiegen, wenn es uns an Erkenntnis des Wortes Gottes mangelt. Deshalb sagte Gott, daß wir Tag und Nacht über Sein Wort nachsinnen sollen (siehe Josua 1,8).

Adam hörte nicht auf Gott. Er machte sich die Erde nicht untertan, er übte nicht die Kontrolle über sie aus. Er widerstand dem Teufel nicht. Er hörte auf den Feind und versuchte sich mit ihm zu arrangieren. Aber das wird nie gutgehen.

Bei Simson war es genauso. Er handelte im Widerspruch zu dem, was er gelehrt worden war, und nahm sich eine Frau aus dem ungläubigen Volk der Philister (siehe Richter 14). Gottes Wort ermahnt uns, *nicht am gleichen Joch mit Ungläubigen zu ziehen* (siehe 2. Korinther 6,14). Simson wußte von Kindesbeinen an, daß er niemanden heiraten sollte, der nicht seines Glaubens war oder seinem Volk angehörte.

Simson und Adam hatten auch noch gemeinsam, daß keiner von ihnen seine Frau vor dem Feind schützte. Wenn ein Mann und eine Frau verheiratet sind, *dann sind sie ein Fleisch*, heißt es in Matthäus 19,5. Wenn also der eine Partner Schaden erleidet oder betrogen wird, dann teilt der andere sein Schicksal. Egal wen von beiden es trifft, es kommt aufs gleiche heraus.

Wenn Simson seine Frau mit zu sich nach Hause genommen und sie geschützt hätte, statt sie bei ihren Eltern zurückzulassen – und sie nur zu besuchen, wenn er mit ihr ins Bett wollte –, dann hätten sich die Philister ihr weder nähern noch ihr etwas antun können. Aber er nahm seine Verantwortungen nicht ernst. Gottes Plan entsprechend war es seine Verantwortung als Ehemann, seine Frau zu befreien. Aber Simson wollte nur die Rosinen aus dem Kuchen picken...

Teil 2

Autorität und Kraft im Neuen Testament

Kapitel 4

Jesus, der Mensch – ausgestattet mit Kraft

Bevor wir vom Alten zum Neuen Testament hinüberwechseln, möchte ich dich bitten, über ein paar Dinge nachzudenken.

Wir erinnern uns: Wenn Gott uns Autorität oder Kraft gibt – egal ob begrenzt oder unbegrenzt –, dann erwartet Er von uns, daß wir sie benutzen. Wir sollen nicht Ihn bitten, es für uns zu tun.

Im Alten Testament war den Menschen mit Ausnahme von Adam Autorität für bestimmte Zeiten gegeben, und diese war immer nur dann wirksam, wenn der Geist des Herrn auf ihnen war. Zu den übrigen Zeiten waren sie einfach normale Männer und Frauen, ohne besondere Autorität oder Kraftausstattung von Gott.

Jedoch sehen wir im Neuen Testament, daß dies vor dem Tag der Pfingsten dem Alten Testament sehr ähnlich war – und Jesus übertrug diese Kraft und Vollmacht *auf* Seine Jünger. Aber in Johannes 14,17 sehen wir, daß Er seit dem Tag der Pfingsten kommt, um *in* den Menschen zu wohnen.

Jesus wählte anfänglich nur zwölf Männer als Jünger aus, und ihnen übertrug Er Seine Autorität und Kraft. Dann erwählte Er siebzig weitere und stattete auch sie mit dieser Vollmacht aus. Und schließlich gab Er allen Gläubigen diese Kraft und Autorität.

In alttestamentlichen Zeiten kam der Geist Gottes *auf* Menschen, aber unter dem Neuen Bund wohnt Er *in* ihrem Innern. Ob der Geist Gottes *auf dich kommt* oder *in dir wohnt*, ist ein bedeutender Unterschied, wie wir in späteren Kapiteln noch sehen werden.

Zunächst möchten wir uns damit befassen, wer Jesus war – und immer noch ist. Danach sehen wir, daß Er Sich in eine neue Dimension hineinbegab.

Johannes 1, 1-5; 11-14

1 *Im Anfang* war das *Wort*, und das *Wort* war *bei Gott*, und das *Wort war Gott.*

2 Dieses *[Er]*[1] war *im Anfang* bei Gott.

3 Alles wurde durch dasselbe, und ohne dasselbe wurde auch nicht eines, das geworden ist.

4 *In ihm war Leben*, und *das Leben* war das *Licht der Menschen.*

5 Und das Licht scheint in der Finsternis, und die Finsternis hat es nicht erfaßt.

11 *Er kam in das Seine, und die Seinen nahmen ihn nicht an;*

12 so viele ihn aber aufnahmen, *denen gab er das Recht, Kinder Gottes zu werden,* de-

---

1 Hinzufügung aus der *New American Standard*

nen, die an seinen Namen glauben;
13 die nicht aus Geblüt, auch nicht aus dem Willen des Fleisches, auch nicht aus dem Willen des Mannes, sondern aus Gott geboren sind.
14 Und *das Wort wurde Fleisch* [Das Wort wurde Jesus, der Sohn Gottes in Menschengestalt] ***und wohnte unter uns, und wir haben seine Herrlichkeit angeschaut*, eine Herrlichkeit als eines Eingeborenen vom Vater, voller Gnade und Wahrheit.**

In diesen Versen im Johannes-Evangelium sehen wir, daß **Jesus das Wort ist**. Gott schuf alles durch Sein Wort – Er sprach die Schöpfung in Existenz. *Er rief das hervor, was nicht da war, daß es sei.* (Römer 4,17, King James).

In Psalm 107,20 sagt Gott uns, daß Er Sein Wort sandte, das uns heilt und befreit.

Von Sich selbst sagte Jesus, Er sei von Gott gesalbt, um das Evangelium zu predigen, die Gefangenen zu befreien, den Blinden Sehvermögen zu geben und die Bedrückten freizusetzen.

Lukas 4, 18
18 »Der Geist des Herrn ist auf mir, weil er mich gesalbt hat, Armen gute Botschaft zu verkündigen; er hat mich gesandt, Gefangenen Freiheit auszurufen und Blinden, daß sie wieder sehen, Zerschlagene in Freiheit hinzusenden...«

Philipper 2, 5-11 (Einheitsübersetzung)
5 Seid untereinander so gesinnt, wie es dem Leben in Christus Jesus entspricht:

6 ***Er war Gott gleich,*** **hielt aber nicht daran fest, wie Gott zu sein,**
7 sondern ***er entäußerte sich*** **und wurde wie ein Sklave und** ***den Menschen gleich.*** **Sein Leben war das eines Menschen.**
8 Er erniedrigte sich und war gehorsam bis zum Tod, bis zum Tod am Kreuz.
9 ***Darum hat ihn Gott über alle erhöht und ihm den Namen verliehen, der größer ist als alle Namen,***
10 damit alle im Himmel, auf der Erde und unter der Erde ihre Knie beugen vor dem Namen Jesu
11 und jeder Mund bekennt: »Jesus Christus ist der Herr« – zur Ehre Gottes, des Vaters.

Jesus war nicht nur das Wort, Er war Gott. In der *"Living Bible"* lautet Vers 6: *"... und obwohl Er Gott war, forderte Er und bestand Er nicht auf Seine Rechte als Gott..."* Als Jesus auf die Erde kam und Menschengestalt annahm, legte Er gleichzeitig Seine göttliche Kraft und Autorität zur Seite. Er tat dies aus Liebe zu Seinem Geschöpf, den Menschen. Jemand mußte den Preis für die Sünde der Menschheit bezahlen, und Jesus war bereit dazu. Er war bereit, zu leiden und sogar Sein Leben hinzugeben, damit wir Vergebung erlangen könnten.

Nachdem Er das Werk vollbracht hatte, das Gott, der Vater, Ihm aufgetragen hatte, war Er bereit, zurückzugehen und bei Seinem Vater zu sein. Er bat Gott nicht nur darum, Ihn in den Himmel zurückzubringen, sondern auch Seine ehemalige Herrlichkeit beim Vater wiederherzustellen.

Johannes 17, 1–5
1 Dies redete Jesus und hob seine Augen auf zum Himmel und sprach: Vater, die Stunde ist gekommen. *Verherrliche deinen Sohn, damit der Sohn dich verherrliche,*
2 wie du ihm Vollmacht gegeben hast über alles Fleisch, daß er allen, die du ihm gegeben hast, ewiges Leben gebe!
3 Dies aber ist das ewige Leben, daß sie dich, den allein wahren Gott, und den du gesandt hast, Jesus Christus, erkennen.
4 *Ich habe dich verherrlicht auf der Erde; das Werk habe ich vollbracht, das du mir gegeben hast, daß ich es tun sollte.*
5 Und nun verherrliche du, Vater, mich bei dir selbst mit der Herrlichkeit, *die ich bei dir hatte, ehe die Welt war*!

Aus diesen fünf Versen ist deutlich ersichtlich, daß Jesus vor Grundlegung der Welt im Himmel war. Ebenso unmißverständlich ist, daß Er Seine Herrlichkeit und göttliche Kraft bereitwillig aufgab, als Er auf die Erde kam, um das Werk des Vaters zu tun. Und als Jesus Sein Werk vollendet hatte, sehnte Er Sich danach, in die Fülle Seiner Herrlichkeit zurückzukehren.

Ich höre oft Leute sagen, daß sie *zur Ehre Gottes* geheilt werden möchten, aber nur in den seltensten Fällen erlebe ich, daß sie Gott auch wirklich die Ehre dafür geben, daß Er sie geheilt hat. Selten sagen sie Ihm Dank für ihre Heilung. Offenbar haben sie nicht einmal Zeit für Gott, wenn sie geheilt worden sind. Und man muß beinahe annehmen, daß sie meinen, daß Gott es ihnen schuldig war, sie Ihm ihrerseits aber nichts schulden.

Meiner Ansicht nach gibt es drei Wege, **Gott zu verherrlichen**. Der erste ist, Gott zu loben und Ihn mit all unserem Sein dafür anzubeten, wer Er ist und was Er ist. Der zweite ist, das zu predigen oder kundzutun, was Gott getan hat oder immer noch für dich und mich tut. **Wenn wir nie von Seinen Taten Zeugnis geben, wird Er keine Ehre dafür empfangen.** Die dritte Möglichkeit besteht darin, ein Täter des Wortes zu sein und nicht nur ein Hörer allein.

Beachte, daß Jesus in Johannes 17,4 zu Gott sagt: *"Ich habe dich verherrlicht auf der Erde; das Werk habe ich vollbracht, das du mir gegeben hast, daß ich es tun sollte."* Wenn Jesus unser Beispiel ist und Er Gott dadurch Ehre gab, daß Er das Ihm aufgetragene Werk Gottes vollendete, dann sollten auch wir als Seine Söhne und Töchter Gott dadurch verherrlichen, daß wir das tun, was Er uns befohlen hat.

Oft bekomme ich zu hören: **"Aber Er war ja Gott – und deshalb konnte Er all die Wunder tun."** Wie bewertet Gottes Wort eine solche Aussage?

> **Apostelgeschichte 10, 38**
> **38 Jesus von Nazareth, *wie Gott ihn* mit Heiligem Geist und mit Kraft *gesalbt hat, der umherging und wohltat und alle heilte, die von dem Teufel überwältigt waren;* denn Gott war mit ihm.**

Wir müssen hier innehalten und erkennen: **Jesus leugnete nie, Gott zu sein.** Aber die ersten dreißig Jahre Seines irdischen Wandels lebte Er als ein **Mensch**, nicht als Gott. Durch eine Handlung Seines Willens hatte Er die Eigenschaften niedergelegt, die Seine Göttlichkeit ausmachten (siehe Philipper 2,6–11, Erweiterte Übersetzung).

Johannes 17,4–5 zeigt uns, daß Er, nachdem Er Sein Werk auf Erden beendet hatte, die Herrlichkeit wieder aufnehmen wollte, die Er abgelegt hatte: "*Ich habe dich verherrlicht auf der Erde; das Werk habe ich vollbracht, das du mir gegeben hast, daß ich es tun sollte. Und nun verherrliche du, Vater, mich bei dir selbst mit der Herrlichkeit, die ich bei dir hatte, ehe die Welt war!*"

Als Jesus 30 Jahre alt war, erfüllte Er die Lehre des Johannes, daß *einer* für die Vergebung der Sünden getauft werden würde. **Jesus wurde nicht zum Zeichen der Buße für Seine eigenen Sünden getauft, sondern als der STELLVERTRETER für die Vergebung der Sünde der gesamten Menschheit.** In Johannes 1,29 sagte Johannes der Täufer zur umstehenden Menge: "*Seht, das Lamm Gottes, das die Sünde der Welt hinwegnimmt.*"

Erst nachdem der Heilige Geist auf Jesus gekommen war, begann Er Wunder zu wirken, lesen wir in der Bibel. Während der folgenden drei Jahre Seines Lebens auf der Erde vollbrachte Er soviele Wunder, daß die Welt die Menge der Bücher nicht fassen könnte, würden sie alle aufgeschrieben.

Wir erinnern uns an Johannes 14,12, diesmal lesen wir aus der *"Hoffnung für alle"*: *"Eins ist sicher: Wer an mich glaubt, wird die gleichen Taten vollbringen wie ich, ja sogar noch größere; denn ich gehe zum Vater."*

Im Zusammenhang mit den Werken – den Wundern, die Jesus gewirkt hat – fragt man sich, was der Begriff "größere" bedeutet. Mächtigere oder erstaunlichere Wunder? Was kann mächtiger oder spektakulärer als etwa eine Totenauferweckung sein? Bedeutet es eine größere Anzahl an Wundern... Wunder, die mehr Menschen berühren?

Dies sind gute Fragen – und im weiteren Verlauf dieses Buches werden wir die Antwort darauf finden.

Kapitel 5

Die zwölf Jünger

Beginnen wir dieses Kapitel mit der Betrachtung der Begebenheit, wie die ersten Jünger mit der Kraft Gottes ausgestattet wurden:

Matthäus 10, 1 u. 7-8
1 Und als er seine zwölf Jünger herangerufen hatte, *GAB ER ihnen Vollmacht* über unreine Geister, *sie auszutreiben* und jede Krankheit und jedes Gebrechen *zu heilen.*
7 *Wenn ihr aber hingeht,* predigt und sprecht: Das Reich der Himmel ist nahe gekommen.
8 *HEILT Kranke, WECKT Tote auf, REINIGT Aussätzige, TREIBT* Dämonen aus!

Wir erkennen hier, daß **Jesus, der die Kraft und Autorität innehat**, diese auch benutzen kann, **weil sie Ihm gehört** – oder Er kann diese Kraft und Autorität auch an andere weitergeben, so daß sie sie in Seinem Namen, also **an Seiner Statt** benutzen. Er kann sie entweder ganz zur Verfügung anderer abgeben, oder auch teilweise. Warum kann Er das tun? Weil sie Ihm übergeben worden ist, und Er kann sie benutzen oder nicht. Die Kraft und Vollmacht gehört Ihm, und Er kann damit machen, was immer Er möchte.

In Vers 1 rief Jesus Seine zwölf Jünger und **übertrug ihnen Autorität** über unreine Geister (um sie auszutreiben). **Er übergab ihnen auch Autorität** zur Heilung von jeglicher Art von Krankheit und Gebrechen. Weil Er diese Autorität und Kraft von Seinem Vater erhalten hatte, hatte Er das Recht, diese Kraft und Vollmacht an Seine Partner weiterzugeben, so daß auch diese sie benutzen konnten.

Nachdem **Jesus den Jüngern die Autorität und die Kraft gegeben hatte, das Werk des Dienstes zu tun,** gebot Er ihnen, hinauszugehen und zu predigen (zu verkündigen oder zu bezeugen), daß das Himmelreich nahe herbeigekommen war.

Aber was ist, wenn diejenigen, denen sie predigten, ihnen nicht glaubten? In Vers 8 trug Jesus den Jüngern auf, Wunder zu wirken, damit die Menschen ihren Worten glauben würden. **Er trug ihnen auf, die Kranken zu heilen, die Toten aufzuerwecken, die Leprakranken zu reinigen und Teufel auszutreiben.** Seine Anweisung lautete nicht: "Bringt die Leute her zu Mir, damit Ich es tun kann." Vielmehr sollten die Jünger es **an Seiner Statt** tun.

Bevor wir unseren Gedankengang fortsetzen, betrachten wir den gleichen Bericht bei Lukas:

Lukas 9, 1-2 u. 6

1 Als ***er aber die Zwölf zusammengerufen hatte, gab er ihnen Kraft*** **und** ***Vollmacht***

über alle Dämonen und zur Heilung von Krankheiten.
2 Und *er sandte sie,* das Reich Gottes zu *predigen* und die Kranken *gesund zu machen.*
6 Sie gingen aber hinaus und durchzogen die Dörfer nacheinander, indem sie die gute Botschaft verkündigten und überall heilten.

Jesus berief die zwölf Jünger und teilte ihnen Kraft und Autorität zu. Dann sandte Er sie aus, das Reich Gottes zu verkünden und **Heilungen zu BEWIRKEN**. Diese Formulierung von Vers 2 wird sogar wörtlich in der *"New American Standard"* verwendet. Vers 6 stellt fest, daß sie (die zwölf Jünger) anfingen, überall zu predigen und zu heilen.

Wenn Gott etwas tut, dann ist es immer praxisbezogen und hat eine klare Ordnung. Er geht einen Schritt nach dem nächsten und greift Sich nicht vor… noch streckt Er Sich zu weit aus.

Gottes Wort sagt uns, daß Er uns lehren wird, wie wir in unserem Geschäftsleben erfolgreich sein können. Ich kann hier sehen, daß diese Prinzipien auch in dem Dienst wirksam wurden, den Gott dem Herrn Jesus übertragen hatte… und den Jesus an uns weitergab.

Zuerst begann Er Seinen Dienst ganz allein. Aber als die Leute anfingen, von Jesus zu hören und von dem, was Er ihnen anbot – Hoffnung, wo es keine Hoffnung gab… Heilung, wo es keine Chancen gab… Erlösung, wo es keine Rettung gab… Vergebung, wo keine in Aussicht war –, begannen sie sich um Ihn zu scharen.

Zu diesem Zeitpunkt sammelte Jesus erstmals Mitarbeiter oder **Partner** um Sich, die Ihm helfen sollten, das Werk, das Gott Ihm aufgetragen hatte, zu erfüllen. Es mußten Leute sein, die dieselbe Vision ergreifen würden, die Gott Jesus gegeben hatte, um dann gemeinsam mit Ihm zu laufen. Sie mußten ein Team sein, in dem nicht einer versuchte, seinen eigenen Dienst zu bauen, sondern in dem alle zusammenstehen, um gemeinsam den Plan Gottes zu erfüllen.

Der Dienst war also soweit gewachsen, daß Jesus zwölf "Angestellte" brauchte. Sie mußten keine "normalen" Mitarbeiter sein – Er brauchte "Mit-Arbeiter" – **Partner**, die Ihm helfen würden, die Aufgabe zu bewältigen, die Gott Ihm gestellt hatte. Diese Jünger sandte Er aus, um das Werk des Dienstes zu tun, und so scharten sich die Menschen um *sie*, wie sie auch zu Jesus gekommen waren. Doch schließlich begannen die Jünger ihren Auftrag zu vernachlässigen.

Markus 9, 15–29 (New International Version)
15 Sobald die ganze Volksmenge ihn sah, waren sie vor Verwunderung überwältigt; und sie liefen herbei, um ihn zu begrüßen.
16 "Worüber streitet ihr mit ihnen?" fragte er.
17 Ein Mann aus der Volksmenge antwortete: "*Lehrer, ich habe meinen Sohn zu dir gebracht, der von einem Geist besessen ist*, der ihn seiner Sprache beraubt hat.
18 Wo immer er ihn ergreift, zerrt er ihn zu Boden. Er hat Schaum vor dem Mund, knirscht mit den Zähnen und wird starr. *Ich*

bat deine Jünger, daß sie ihn austreiben, aber sie konnten es nicht."
19 "O ungläubiges Geschlecht!" erwiderte Jesus. "Wie lange soll ich bei euch sein? *Wie lange soll ich euch ertragen?* Bringt den Jungen zu mir!"

Jesus wies den Vater des Jungen nicht zurecht. Vielmehr rügte Er Seine Jünger, daß sie ihre Arbeit nicht richtig erledigten! Er hatte ihnen die Kraft und Vollmacht gegeben, den dämonischen Geist auszutreiben, aber sie benutzten diese Kraft nicht.

20 Also brachten sie ihn herbei. *Als der Geist Jesus sah, zerrte er den Jungen sogleich in einem Anfall hin und her. Er fiel zu Boden, wälzte sich und hatte Schaum vor dem Mund.*
21 Jesus fragte den Vater: "Wie lange geht das schon so mit ihm?" – "Von Kindheit an", antwortete er.
22 "Er hat ihn oft ins Feuer oder ins Wasser geworfen, um ihn umzubringen. Aber wenn du etwas tun kannst, so habe Erbarmen mit uns und hilf uns!"
23 *"Wenn du kannst?"* sagte Jesus. *"Alles ist möglich für den, der glaubt."*
24 Sogleich rief der Vater des Jungen: "Ich glaube. Hilf mir, meinen Unglauben zu überwinden!"
25 Als Jesus sah, daß eine Volksmenge zusammenlief, bedrohte er den unreinen Geist: "Du stummer und tauber Geist," sagte er, *"ich gebiete dir: fahre von ihm aus,*

und fahre nie mehr in ihn hinein!"
26 **Und der Geist schrie und zerrte ihn heftig und fuhr aus. Der Junge schien wie tot, so daß viele sagten: "Er ist gestorben."**
27 **Aber Jesus nahm ihn bei der Hand, richtete ihn auf, und er stand auf.**
28 **Nachdem Jesus in ein Haus gegangen war, fragten ihn seine Jünger allein: *"Warum haben wir ihn nicht austreiben können?"***
29 **Er erwiderte: *"Diese Art kann nur durch Gebet ausfahren."***

Richte dein Augenmerk kurz auf die Tatsache, daß der dämonische Geist Jesus erkannte. **Ebenso sollte Satan wissen, wer wir als Seine Jünger sind.** Als die sieben Söhne des Skeva "im Namen Jesus, den Paulus predigt" böse Geister auszutreiben versuchten, gelang es ihnen nicht. Der böse Geist rief ihnen zu: *"Jesus kenne ich, und von Paulus habe ich gehört; aber wer seid ihr?"* (Apostelgeschichte 19,15).

Meine Frau und ich unternahmen einmal eine Missionsreise nach Indien und machten auf dem Weg nach Hause Zwischenstop in England. Während unseres Aufenthalts in England diente ich in einer Gemeinde in Stroud. In einem Gottesdienst kam eine junge Frau nach vorne, damit ich für sie bete. Während ich ihr diente, sprach ein dämonischer Geist aus ihr mit männlicher Stimme: "Ich kenne dich – ich habe dich in Indien gesehen." Ich erwiderte dem bösen Geist einfach: **"Wenn du mich in Indien gesehen hast, weißt du ja, was du zu tun hast"** – und der böse Geist wich von ihr. Die Frau fiel bewußtlos zu

Boden, und als wir ihr aufhalfen, sagte sie: "Der böse Geist ist weg. Ich bin frei!"

In Markus 9,22 bat der Vater des Jungen: *"Wenn du etwas tun kannst, dann erbarme dich unser und hilf uns."* In Vers 23 entgegnete Jesus: *"Wenn du kannst?"* Jesus forderte ihn heraus: "Wenn du nur glauben kannst – wenn du Mir vertraust – *alles ist dem möglich, der glaubt.*"

Der übernächste Vers berichtet, daß Jesus daraufhin den bösen Geist austrieb. Als Ihn die Jünger schließlich fragten: *"Warum konnten wir ihn nicht austreiben?"* antwortete Er: *"Diese Art kann nur durch Gebet ausfahren."*

In einer englischen und in den meisten deutschen Übersetzungen lautet Vers 29 etwa so: *"Diese Art kann (durch nichts als) nur durch Gebet und Fasten herauskommen."* Ich glaube, daß diese Formulierung sehr genau ist und mit anderen Bibelstellen übereinstimmt.

In meiner eigenen mehr als 25jährigen Erfahrung (und das deckt sich mit der Erfahrung anderer, mit denen ich gesprochen habe), habe ich herausgefunden, daß der Geist des Menschen durch Fasten dem Heiligen Geist gegenüber empfindsamer wird und uns das – regelmäßige – Beten im Geist die nötige Kraft gibt, Gottes Werk zu tun (siehe Judas 20, Erweiterte Übersetzung).

Lukas 10 gibt es uns Bericht davon, wie der Dienst Jesu weiter wuchs, so daß noch mehr Mitarbeiter **(Partner)** erforderlich waren. Deshalb wählte Jesus weitere siebzig Partner, die Ihn darin unterstützen sollten, das auszuführen, wozu Er gesandt war.

Lukas 10, 1–3 u. 16–21
1 Nach diesem aber *bestimmte der Herr*
siebzig andere* und *sandte sie zu je zwei vor
***seinem Angesicht her* in jede Stadt und je-**
den Ort, wohin er selbst kommen wollte.
2 Er sprach aber zu ihnen: Die Ernte zwar
ist groß, die Arbeiter aber sind wenige. Bit-
tet nun den Herrn der Ernte, daß er Arbei-
ter aussende in seine Ernte!
3 Geht hin! Siehe, ich sende euch wie
Lämmer mitten unter Wölfe.
16 *Wer euch hört, hört mich; und wer euch*
verwirft, verwirft mich; wer aber mich ver-
wirft, verwirft den, der mich gesandt hat.
17 Die Siebzig aber kehrten mit Freuden
zurück und sprachen: *Herr, auch die Dämo-*
nen sind uns untertan in deinem Namen.
18 Er sprach aber zu ihnen: Ich schaute den
Satan wie einen Blitz vom Himmel fallen.
19 *Siehe, ich habe euch die Macht gege-*
ben, auf Schlangen und Skorpione zu treten,
und über die ganze Kraft des Feindes, und
nichts soll euch schaden.
20 Doch darüber freut euch nicht, daß
euch die Geister untertan sind; freut euch
aber, daß eure Namen in den Himmeln an-
geschrieben sind!
21 In dieser Stunde *jubelte Jesus im*
Geist…

Als Jesus diese siebzig **Partner** ausgewählt hatte, sandte Er sie jeweils zu zweit aus. Sie sollten Ihm in jede Stadt und jedes Dorf vorausgehen, das Er besuchen wollte. Sie sollten Ihm den Weg vorbereiten.

Ich entdecke in diesen Versen vier Punkte:

1. Jesus sandte sie zu zweien aus – so waren sie jeweils als Team zehnmal stärker als allein. Denn im 5. Mose 32,30 heißt es, daß einer Tausend vertreiben und zwei Zehntausend in die Flucht schlagen werden. Auch heißt es in Gottes Wort, daß zwei, die zusammen in Übereinstimmung beten, das empfangen werden, um was immer sie gebetet haben (siehe Matthäus 18,19).

2. Als sie sich auf den Weg machten, wies Er die Jünger an, Gott darum zu bitten, noch weitere Arbeiter **(Partner)** in Seine Ernte zu senden.

3. Oft denken Christen, daß das, was sie zu sagen haben, nicht wichtig sei. Aber betrachte die Aussage Jesu in Vers 16: Er sagte ihnen, wie wichtig Er ihre Worte nahm, wenn sie predigten, lehrten oder Zeugnis von Ihm gaben: *"Wer euch hört, hört mich; und wer euch verwirft, verwirft mich; wer aber mich verwirft, verwirft den, der mich gesandt hat..."*

4. In Vers 19 sprach Jesus über die Autorität, die ihnen anvertraut worden war, sowie über den Schutz derjenigen, die in der Berufung Gottes wandeln. Dies stimmt wunderbar mit Psalm 91,10-11 überein, wo es in der Erweiterten Übersetzung heißt: *"Kein Unglück wird über dich oder dein Haus kommen, weil Gott Seinen Engeln*

Befehl geben wird, über dir zu wachen in allen deinen Wegen des Dienstes."

Es ist ein überwältigendes Gefühl, wenn Gottes Kraft und Autorität in einem Maß durch dich wirksam wird, daß dir sogar die Dämonen gehorchen. Aber was nützt dir das, wenn du damit so viel Zeit verschwendest und darüber in die Hölle gehst? Jesus ermahnt die Jünger – und uns –, diese Dinge in die richtige Perspektive zu setzen. Wir sollten uns nicht darüber freuen, daß die Dämonen uns gehorchen, sondern darüber, daß unsere Namen im Himmel aufgeschrieben sind.

Bevor wir uns ins nächste Kapitel begeben, möchte ich deine Aufmerksamkeit noch einmal kurz auf Johannes 14,12 lenken. Hierin sehen wir, daß auch denjenigen Mitarbeitern Jesu, für die die Jünger in Lukas 10,2 beten sollten, dieselbe Autorität anvertraut werden wird, denn diese Schriftstelle gilt allen Gläubigen:

Johannes 14, 12
12 Wahrlich, wahrlich, ich sage euch: *Wer an mich glaubt*, der wird auch die Werke tun, die ich tue, und wird größere als diese tun, weil ich zum Vater gehe.

Kapitel 6

Die Berufung und Salbung der Gläubigen

Johannes 3, 16

16 Denn so hat Gott die Welt geliebt, daß er seinen eingeborenen Sohn gab, damit jeder, der an ihn glaubt, nicht verloren geht, sondern ewiges Leben hat.

Römer 10, 8–13

8 Sondern was sagt sie? »Das Wort ist dir nahe, in deinem Mund und in deinem Herzen.« Das ist das Wort des Glaubens, das wir predigen,

9 daß, *wenn du* mit deinem Mund Jesus als Herrn *bekennen* und in deinem Herzen *glauben wirst*, daß Gott ihn aus den Toten auferweckt hat, du errettet werden wirst.

10 Denn mit dem Herzen wird geglaubt zur Gerechtigkeit, und mit dem Mund wird bekannt zum Heil.

11 Denn die Schrift sagt: »Jeder, der an ihn glaubt, wird nicht zuschanden werden.«

12 Denn es ist *kein Unterschied zwischen Jude und Grieche,* denn er ist Herr über alle, und er ist reich für alle, die ihn anrufen;

13 »...denn *jeder, der den Namen des Herrn anrufen wird, wird errettet werden.«*

Dies gilt eindeutig allen, die den Namen des Herrn anrufen. Gott liebt dich und mich so sehr und unwiderruflich, daß Er uns Vergebung, Heilung und Befreiung schenkt. Diese Dinge stehen jedem zur Verfügung, der im Namen Seines Sohnes darum bittet.

Im ersten Kapitel des 2. Timotheusbriefs sehen wir, daß dies nicht einfach nur eine Berufung ist – es ist eine **heilige Berufung** Gottes. Es ist kein Ruf, den wir uns damit verdienen könnten, daß wir großartige Dinge zustandegebracht haben, sondern es ist eine Berufung, daß wir die Werke Gottes tun sollen.

2. Timotheus 1, 9 (Schlachter)
9 [Gott] **...hat uns errettet und berufen mit *heiligem Ruf*, nicht nach *unseren Werken*, sondern *nach ‹seinem› eigenen Vorsatz* und der Gnade, die uns in Christus Jesus vor ewigen Zeiten gegeben...**

Wenn Gott uns berufen hat, **Seine Werke** zu tun, wie können wir wissen, was diese "Werke Gottes" sind? Jesus ist unser Beispiel, unser Anführer, also sollten wir betrachten, welche Werke Er getan hat, und Seinem Beispiel folgen.

Matthäus 9, 35
35 Und Jesus durchzog alle Städte und Dörfer, *lehrte* in ihren Synagogen, *predigte* das Evangelium von dem Reich und *heilte* jede Krankheit und jedes Gebrechen.

Lukas 4, 18

18 »Der Geist des Herrn ist auf mir, weil er mich gesalbt hat, Armen gute Botschaft zu verkündigen; er hat mich gesandt, Gefangenen Freiheit auszurufen und Blinden, daß sie wieder sehen, Zerschlagene in Freiheit hinzusenden...«

Jemand sagt vielleicht: "Aber ich bin kein Lehrer – ich habe keine Ausbildung." Laß dir sagen: **Du brauchst nicht die ganze Bibel zu kennen und zu lehren, sondern was du selbst gelehrt worden bist und studiert hast, das sollst du weitergeben.**

In einigen Übersetzungen von Lukas 4,18 heißt es, daß Jesus "das Evangelium predigen" sollte; andere benutzen statt dessen den Begriff "verkündigen." Egal, ob du es nun predigen oder verkündigen nennen willst – Er erzählte einfach von den großen Werken Gottes.

Außerdem sehen wir, daß Jesus umherzog und Krankheiten und jedes Gebrechen heilte. Seine Aufgabe war es, Menschen von jeglicher Gebundenheit freizusetzen, die Satan ihnen auferlegt hatte.

Wir haben schon gesehen, daß Jesus zuerst zwölf und schließlich noch siebzig weitere Partner auswählte und so Seinen Dienst vergrößerte. Es waren also insgesamt **zweiundachtzig Partner**, die Ihm halfen, dem Volk Israel das Evangelium nahezubringen. Aber leider lehnte ein Großteil der Israeliten Seine Botschaft und Seine Liebe ab.

Trotzdem besteht Gottes Plan darin, diese Liebe bis in den letzten Winkel Seiner Schöpfung zu tragen. Um dies erfüllen zu können, braucht Er Hunderttausende neuer Mit-Arbeiter, die diese Botschaft in aller Welt verkündigen. Deshalb übergab Jesus Seine Autorität und Kraft in die Hände aller Gläubigen und befähigte sie auf diese Weise, dieselben Werke zu tun wie Er… **und sogar noch größere** (siehe Johannes 14,12).

Jesus gebot allen Gläubigen, Seine Botschaft in die Welt hinauszutragen – und Er sandte sie aus mit Seiner Autorität und Krafterweisung.

Matthäus 28, 18–20
18 Und Jesus trat zu ‹ihnen› und redete mit ihnen und sprach: Mir ist alle Macht gegeben im Himmel und auf Erden.
19 Geht nun hin und macht alle Nationen zu Jüngern, und tauft sie auf den Namen des Vaters und des Sohnes und des Heiligen Geistes,
20 und lehrt sie alles zu bewahren, was ich euch geboten habe! Und siehe, ich bin bei euch alle Tage bis zur Vollendung des Zeitalters.

In Vers 18 sagt Jesus **Seinen Jüngern**, daß **alle Autorität im Himmel und auf Erden Ihm gegeben war**. Dann teilte Er ihnen ihre Aufgaben zu: Als Seine Jünger sollten sie in alle Nationen gehen, Menschen zu Jüngern machen und sie im Namen des Vaters, des Sohnes und des Heiligen Geistes taufen. **Das bedeutet, daß sie an des Va-**

ters, des Sohnes und des Heiligen Geistes Statt die Gläubigen taufen sollen. In Vers 20 sehen wir, wie Jesus Seinen Jüngern auftrug, die Anweisungen, die Er ihnen gegeben hatte, auch an diese neuen Gläubigen weiterzugeben.

Wir müssen uns vergegenwärtigen, daß Jesus zu diesem Zeitpunkt zu mehr als *fünfhundert* Gläubigen sprach.

> **1. Korinther 15, 3-6**
> **3 Denn ich habe euch vor allem überliefert, was ich auch empfangen habe: daß Christus für unsere Sünden gestorben ist nach den Schriften;**
> **4 und daß er begraben wurde und daß er auferweckt worden ist am dritten Tag nach den Schriften;**
> **5 und daß er Kephas erschienen ist, dann den Zwölfen.**
> **6 *Danach erschien er mehr als FÜNFHUNDERT Brüdern auf einmal...***

Vers 6 zeigt, daß diese Männer mehr als nur Jünger waren – sie waren Brüder.

Jesus war gestorben und von den Toten auferstanden, und nun sollten diese Brüder in ihrer Umgebung als Gläubige bekannt werden.

In Markus 16 finden wir eine Darstellung unserer Kraft und Autorität. Wir erkennen auch, daß Jesus in diesen Versen zu und über Gläubige sprach – und ihnen auftrug, in alle Welt zu gehen und das Evangelium der ganzen Menschheit zu verkünden. Und für den Fall, daß die Menschen an ihren Worten zweifeln würden, bestätigte Er ihnen, daß Er ihnen Zeichen und Wunderwirkungen geben würde, damit die Ungläubigen um der Zeichen willen glauben könnten.

Markus 16, 15–20

15 Und er sprach zu ihnen: ***Geht hin in die ganze Welt und predigt das Evangelium der ganzen Schöpfung!***

16 Wer gläubig geworden und getauft worden ist, wird errettet werden; wer aber ungläubig ist, wird verdammt werden.

17 ***Diese Zeichen aber werden denen folgen, die glauben:*** **In meinem Namen werden sie** ***Dämonen austreiben*****; sie werden** ***in neuen Sprachen reden*****,**

18 werden ***Schlangen aufheben*****, und wenn sie** ***etwas Tödliches trinken, wird es ihnen nicht schaden*****; Schwachen werden sie die** ***Hände auflegen*****, und sie werden sich** ***wohl befinden*****.**

19 Der Herr wurde nun, nachdem er mit ihnen geredet hatte, in den Himmel aufgenommen und setzte sich zur Rechten Gottes.

20 ***Jene aber zogen aus*** **und predigten überall, während** ***der Herr mitwirkte und das Wort durch die darauf folgenden Zeichen bestätigte.***

Diese "Zeichen" werden wiederum in Johannes 14,12 bestätigt, als Jesus sagte: *"Wahrlich, wahrlich, ich sage dir, wer an Mich glaubt, der wird die Werke, die ich tue, auch tun, und* ***sogar größere Werke*** *als diese wird er tun, weil ich zum Vater gehe."*

Obwohl wir wissen, daß Jesus dies wirklich in

der Bibel sagte, reagieren auch wir oft mit der "Mose-Mentalität". Unser erster Gedanke ist: "Wer bin ich denn schon?" **Du weißt, daß Jesus Gott ist,** und denkst, daß Er *deshalb* fähig war, diese Wunder zu vollbringen. Und daher erscheint deinem natürlichen Verstand die Vorstellung, selbst solche Dinge zu tun, geradezu aberwitzig.

Erinnere dich – **Jesus bestritt nie, daß Er Gott war**. Aber Philipper 2,6–11 beschreibt, wie Er durch einen Akt Seines Willens die Attribute niederlegte, die Seine Göttlichkeit ausmachten, um als Mensch auf der Erde zu leben. Er wurde in einem physischen Körper geboren, um der **Retter der Welt** zu werden (siehe Johannes 17,4–5).

Wir müssen auch bedenken, daß es in der Bibel keine Aufzeichnung davon gibt, daß Jesus vor Seinem 30. Lebensjahr irgendwelche Wunder gewirkt hätte – also bevor Er von Johannes getauft worden und der Heiligen Geist auf Ihn gekommen war. **Alle Wunder, die Jesus wirkte, tat Er als Mensch... wegen der Salbung des Heiligen Geistes** (siehe Apostelgeschichte 10,38).

Gemäß der Bibel sollten wir als Männer und Frauen, die vom Heiligen Geist **gesalbt sind**, die gleichen Wunder tun, die Jesus getan hat... und sogar noch **"größere"**.

Ich tue fast jeden Tag die gleichen Wunder wie Jesus – und ebenso fast täglich tue ich sogar größere Werke als Er. Bevor du dieses Buch nun vor Entrüstung in eine Ecke feuerst, laß mich das erklären! Ich glaube, du wirst mir gleich zustimmen:

Jesus trieb Dämonen aus. Ich tue das weltweit in Versammlungen.

Jesus weckte die Toten auf. Ich habe das in den vergangenen 25 Jahren mehrmals getan.

Jesus besänftigte den Sturm. Ich habe dasselbe mit Tornados und anderem Unwetter getan.

Jesus heilte die Kranken. Das tue ich in fast jedem Gottesdienst.

Aber überdies tue ich etwas, was Jesus nicht möglich war: Weil Er noch nicht zum Kreuz gegangen war, konnte niemand gerettet werden; die Menschen waren noch unter dem Gesetz. Aber ich führe Menschen zur Erlösung und Sündenvergebung – **und das ist das größte aller Wunder**. Was würde es dir nützen, wenn du zwar die Heilung jeglichen gesundheitlichen Problems empfängst – aber aus dem Gottesdienst weggehst und ohne eine persönliche Beziehung mit dem Heiler schließlich in der Hölle endest?

Jesus ist der Grund, warum Menschen von neuem geboren werden können, niemand konnte jedoch die neue Geburt empfangen, **bevor Er gestorben** und **von den Toten auferstanden war**. Jetzt, da Er auferstanden ist, hat Er den Gläubigen die Verantwortung gegeben, der Welt die Botschaft der Erlösung zu bringen. **Er hat die Gläubigen auch mit Vollmacht und Kraft ausgestattet, um Wunder zu wirken als Zeichen der Liebe Gottes für Ungläubige.**

Erinnere dich daran, daß **"Erlösung"** in der Bibel bedeutet: "ganz oder vollständig gemacht werden – **geistlich, geistig und physisch**."

Jesaja 53, 5
5 Doch er war durchbohrt *um unserer Vergehen willen*, zerschlagen *um unserer Sünden willen*. Die Strafe lag auf ihm zu unserm *Frieden*, und durch seine Striemen ist uns *Heilung* geworden.

Jesaja 53, 5 (Schlachter)
5 ...aber er wurde durchbohrt *um unserer Übertretung willen*, zerschlagen *wegen unserer Missetat*; die Strafe, uns zum *Frieden*, lag auf ihm, und durch seine Wunden sind wir *geheilt*.

Kapitel 7

Wer sind wir?

Die meisten Gläubigen, die ich kenne, leben weit unter ihrem Potential in Gott – und zwar weil sie niemals wirklich erkannt haben, wer sie in Ihm sind.

Wir sagen, wenn wir Christen werden, sind wir ab diesem Zeitpunkt Kinder Gottes. Aber viele fühlen sich minderwertig, weil sie sozusagen adoptiert worden sind. Sie wissen, daß Jesus **der Sohn Gottes** ist, erachten ihre eigene Sohnschaft aber geringer als die ihres Bruders Jesus. Ja, Jesus ist **der Sohn Gottes**. Er ist die 2. Person der Gottheit und war von Ewigkeit mit Gott im Himmel. Aber hier reden wir über Jesus, Gottes Sohn als dem Erstgeborenen vieler Brüder, nämlich einen Menschen. Weil Er gestorben und auferstanden ist, kann es nun viele Söhne und Töchter Gottes geben (siehe Galater 4,4–7 und Römer 8,14–17). Gott hat uns an Kindesstatt angenommen und uns dadurch selbst in diese Position hineingehoben. Aber solange uns dies nicht bewußt ist oder wir diese Position nicht anerkennen, werden wir nie **die Werke tun**, die Jesus uns aufgetragen hat.

Wenn wir sagen, **Jesus ist der Sohn Gottes**,

meinen wir damit normalerweise, daß Er **Gott, der Sohn**, die 2. Person der Gottheit ist. Wir dagegen sind nicht Gott oder göttlich – das ist ganz klar. Wenn wir aber glauben, daß Jesus all die Wunder nur deshalb tun konnte, weil Er Gott ist, irren wir uns. Dann vergessen wir nämlich, **daß Er die Wunder als Mensch tat, nicht aufgrund Seiner Göttlichkeit.** Er tat sie als ein Mensch, der mit dem Heiligen Geist gesalbt war.

Wir müssen verstehen, daß Jesus in zwei Wesensarten wandelte. **Er war – und ist – Gott, aber Er war – und ist – auch Mensch.** Er ist der eingeborene Sohn Gottes, aber weil Er Seine Rechte als Gott niederlegte und als Mensch zum Kreuz ging, **gibt es nun VIELE Söhne und Töchter Gottes**. Betrachten wir Gottes Wort zu diesem Thema:

Galater 4, 4–7
4 ...als aber die Fülle der Zeit kam, *sandte Gott seinen Sohn*, geboren von einer Frau, geboren unter Gesetz,
5 damit er die loskaufte, ‹die› unter Gesetz ‹waren›, *damit wir die Sohnschaft empfingen.*
6 *Weil ihr aber Söhne seid, sandte Gott den Geist seines Sohnes in unsere Herzen*, der da ruft: Abba, Vater!
7 Also bist du nicht mehr Sklave, *sondern Sohn; wenn aber Sohn, so auch Erbe durch Gott.*

Römer 8, 14–17
14 Denn *soviele durch den Geist Gottes geleitet werden*, die *sind Söhne Gottes.*
15 Denn ihr habt nicht einen Geist der

Knechtschaft empfangen, wieder zur Furcht, sondern ***einen Geist der Sohnschaft habt ihr empfangen*****, in dem wir rufen: Abba, Vater!**
16 ***Der Geist selbst*** **bezeugt ‹zusammen› mit** ***unserem Geist, daß wir Kinder Gottes sind.***
17 ***Wenn aber Kinder*****, so auch Erben,** ***Erben Gottes und Miterben Christi...***

Galater 3, 26
26 ...denn ***ihr alle seid Söhne Gottes*** **durch den Glauben in Christus Jesus.**

Zunächst beachte, daß Gott **in der Fülle der Zeit** Seinen Sohn Jesus sandte, der von einer Frau geboren wurde. Er wurde unter dem Gesetz geboren, damit Er diejenigen erlösen könnte, die unter dem Gesetz waren. **Er wurde als Mensch geboren – nicht als Gott –, damit Er die Menschheit erlösen konnte.**

Beachte zweitens, daß Jesus all dies tat, damit Gott **dich und mich als Sohn und Tochter annehmen konnte**. Und nachdem Er uns angenommen hatte, sandte Er den **Geist Seines Sohnes** in unser Herz, damit wir **Ihn Vater nennen** können.

Sowohl in Galater 4,7 als auch in Römer 8,17 sehen wir eindeutig: Weil Er dich und mich als Sohn und Tochter angenommen hat, sind wir **Erben Gottes** geworden... und, **ja, sogar Miterben mit Jesus**.

Was heißt das? Es bedeutet: weil Gott uns an Kindesstatt angenommen hat, hat Er uns jetzt auf ebenbürtigen Stand mit Seinem Sohn, Jesus, *dem Menschen*, gehoben. **Es bedeutet nicht, daß**

wir nun in derselben Weise göttlich wie Gott, der Sohn, wären, aber Er hat uns der menschlichen Seite Jesu gleichgestellt. Und dies sollte uns nicht überraschen. Gott verdeutlicht diesen Punkt in mehreren Schriftstellen:

Philipper 2, 5–7 (Schlachter)
5 Denn ihr sollt so gesinnt sein, wie Jesus Christus auch war,
6 welcher, da er sich *in Gottes Gestalt* befand, es nicht wie einen Raub festhielt, *Gott gleich zu sein*;
7 sondern *sich selbst entäußerte*, die Gestalt eines Knechtes annahm und *den Menschen ähnlich wurde*…

Lukas 6, 40
40 *Ein Jünger ist nicht über dem Lehrer*; jeder aber, der vollendet ist, wird sein wie sein Lehrer.

Matthäus 10, 24–25
24 *Ein Jünger ist nicht über dem Lehrer* und ein Sklave nicht über seinem Herrn.
25 *Es ist dem Jünger genug, daß er werde wie sein Lehrer* und der Sklave wie sein Herr…

Ich möchte dir hier zwei Dinge zeigen: Zunächst einmal ist es von nebensächlicher Bedeutung, ob wir Jesus gleichgestellt sind oder nicht – obwohl Gott uns Seinem Wort zufolge tatsächlich in diese Position gebracht hat. Vorrangig wichtig ist, daß wir Gott und Seinem Wort gehorsam sind, denn Er und Sein Wort sind dasselbe. Zweitens: Wenn wir aber Jesus gleichgestellt sind, dann müssen wir auch zugerüstet werden, damit wir wie Er werden können.

Viele Christen tun sich schwer, **von Gott zu empfangen**, weil sie Ihn nur als unnahbaren Gott sehen. Und aus demselben Grund fällt es ihnen schwer, die gleichen Werke wie Jesus zu tun: **Sie sehen nur Seine Göttlichkeit**.

Vor mehreren Jahren machte Gott mir etwas deutlich, was mir half, diese Wahrheit anzunehmen: Wenn ich **Ihn** tatsächlich **als meinen Vater sehen** könnte und **Jesus als meinen Bruder**, wäre ich fähig, **von meinem Vater zu empfangen** und **die Werke zu tun, die mein Bruder getan hat**.

Gott offenbarte mir dies anhand meiner eigenen Familie: Einer meiner Brüder hatte ein Problem in seiner Ehe. Ich versuchte zu ihm als ein Diener Gottes zu reden, aber er weigerte sich, mir zuzuhören.

Mehrere Monate später, als er die Scheidung schon hinter sich hatte, wollte ich seinem gebrochenen Geist dienen, aber wieder wehrte er ab und rief: **"Warum soll ich auf dich hören? Du bist bloß mein Bruder – was weißt du denn schon?"**

In diesem Augenblick sprach Gott zu mir: "Ja, **du bist sein Bruder**. Aber du wandelst auch im Amt eines Pastors, und in diesem Amt vermittelst du diese Wahrheiten." Als ich dies meinem Bruder verständlich machen konnte, konnte er meine Hilfe als Pastor annehmen.

Dann fing ich an zu begreifen, daß ich ebenso wie Jesus **ein Sohn Gottes** war. Gott offenbarte mir das, indem Er mir half, meine Position in meiner natürlichen Familie zu erkennen. Indem

Er mich auf meine Stelle in meinem Stammbaum hinwies, offenbarte Er mir die Wahrheit über **meine Beziehung mit Ihm**.

Gott sagte: "Der Name deines Vaters ist John Smith."

Ich bestätigte: "Das ist richtig."

Dann fragte Er mich: "Bist du nicht der Erstgeborene von John Smith, und bist du deshalb nicht **ein Sohn von John Smith**?"

Ich sagte, "Ja, das stimmt."

Gott fragte weiter: "Hast du nicht einen Bruder namens Wayne, den zweitgeborenen Sohn von John Smith?"

Wieder stimmte ich zu.

"Ist dein Bruder Wayne nicht genauso sehr ein Sohn von John Smith, wie du es bist?"

Ich erwiderte: "Doch, natürlich."

Dann fragte Er: "Heißt nicht der dritte Sohn von John Smith Paul, und ist nicht auch er ein Sohn von John Smith"?

"Das ist richtig," antwortete ich.

"Und dein jüngster Bruder, der vierte Sohn von John Smith, heißt Donnie, nicht wahr?" fragte Gott.

"Auch das ist korrekt."

Mir ging ein Licht auf, als Gott sagte: "Ist nicht jeder von euch ***ein Sohn*** **von John Smith – und seid ihr nicht alle** ***gleichermaßen*** **seine Söhne?**"

Adoptivkinder haben oft eine sehr geringe Selbstachtung, weil sie sich minderwertig oder unerwünscht fühlen. Aber das sind sie nicht, das ist eine Lüge des Teufels.

Wenn ein Ehepaar einen Sohn oder eine

Tochter adoptiert, erwählen sie dieses Kind als ihr eigenes. Es war kein Zufall – sie wollten das Kind. Sie wollten keinen Jungen statt eines Mädchens oder umgekehrt – sie entschieden sich für genau dasjenige, das sie wollten. Sie schauten das Kind mit all seinen Unvollkommenheiten an, und dennoch war es ihre Wahl, daß dieses Kind ihr Sohn oder ihre Tochter sein sollte.

Genauso ist es bei Gott. Er sah all unsere Sünden an und beschloß dennoch, sie zu vergeben. Er schaute unsere Unzulänglichkeiten an, und trotzdem entschied Er zu glauben, daß wir sie mit Seiner Liebe und Seiner Hilfe überwinden würden. Er betrachtete all die Mißerfolge unserer Vergangenheit und entschied dennoch, sie ins Meer des Vergessens zu werfen. Mit Seiner Hilfe sind wir neue Geschöpfe geworden. Er schenkt uns einen neuen Anfang, als hätten wir nie gesündigt.

2. Korinther 5, 17
17 Daher, wenn jemand in Christus ist, ***so ist er eine neue Schöpfung*****; das Alte ist vergangen, siehe, Neues ist geworden.**

2. Korinther 5, 17 (The Living Bible)
17 Wenn jemand ein Christ wird, wird er in seinem Innern ein ganz neuer Mensch. Er ist nicht mehr derselbe. Ein neues Leben hat begonnen.

Söhne ***imitieren*** **ihre Väter.** Im Natürlichen ahmen Söhne ihren Vater nach – und wir als Kinder Gottes sollten mit unserem himmlischen Vater nicht anders umgehen. Genau das trägt uns Sein Wort auf:

Epheser 5, 1–2
1 Seid nun ***Nachahmer Gottes als geliebte Kinder*****!**
2 Und wandelt in Liebe, wie auch der Christus uns geliebt und sich selbst für uns hingegeben hat als Opfergabe und Schlachtopfer, Gott zu einem duftenden Wohlgeruch!

Jüngere Brüder imitieren ihre großen Brüder.

1. Korinther 11, 1
1 ***Seid meine Nachahmer, wie auch ich Christi ‹Nachahmer bin›!***

Ebenso wie die Jünger Nachahmer Christi waren, so sollen wir Christen es heute sein!

Markus 16, 19–20 (The Living Bible)
19 Nachdem der Herr Jesus mit ihnen geredet hatte, wurde er in den Himmel aufgenommen und setzte sich zur Rechten Gottes.
20 Und ***die Jünger*** **zogen aus und** ***predigten*** **überall, und** ***der Herr war mit ihnen*** **und** ***bestätigte,*** **was** ***sie sagten,*** **durch die** ***Wunder, die ihre Botschaft begleiteten.***

Lukas 9, 1–2 u. 6
1 Als er aber die Zwölf zusammengerufen hatte, gab er ihnen Kraft und Vollmacht über alle Dämonen und zur Heilung von Krankheiten.
2 Und ***er sandte sie,*** **das Reich Gottes zu** ***predigen*** **und die Kranken** ***gesund zu machen.***
6 Sie gingen aber hinaus und durchzogen die Dörfer nacheinander, indem sie ***die gute Botschaft verkündigten*** **und überall** ***heilten.***

Lukas 10, 1–2; 8–9 u. 17–20
1 Nach diesem aber *bestimmte der Herr*
***siebzig andere* und sandte sie zu je zwei vor**
seinem Angesicht her in jede Stadt und je-
den Ort, wohin er selbst kommen wollte.
2 Er sprach aber zu ihnen:…
8 Und in welche Stadt ihr kommt, und sie
nehmen euch auf, ‹da› eßt, was euch vorge-
setzt wird,
9 und *heilt die Kranken* darin und sprecht
zu ihnen: Das Reich Gottes ist nahe zu euch
gekommen.
17 Die Siebzig aber kehrten mit Freuden
zurück und sprachen: Herr, *auch die Dämo-*
nen sind uns untertan in deinem Namen.
18 Er sprach aber zu ihnen: Ich schaute den
Satan wie einen Blitz vom Himmel fallen.
19 Siehe, *ich habe euch die Macht gege-*
ben, auf Schlangen und Skorpione zu treten,
und über die ganze Kraft des Feindes, und
nichts soll euch schaden.
20 Doch darüber freut euch nicht, daß
euch die Geister untertan sind; *freut euch*
aber, daß eure Namen in den Himmeln an-
geschrieben sind!

Apostelgeschichte 3, 4–9
4 Petrus aber mit Johannes blickte fest auf
ihn hin und sprach: *Sieh uns an!*
5 Er aber gab acht auf sie, *in der Erwar-*
tung, etwas* von ihnen *zu empfangen.
6 Petrus aber sprach: Silber und Gold be-
sitze ich nicht; *was ich aber habe, das gebe*
***ich dir:* Im Namen Jesu Christi, des Nazorä-**
ers: *Geh umher!*
7 Und er ergriff ihn bei der rechten Hand

und richtete ihn auf. ***Sofort aber wurden seine Füße und seine Knöchel stark,***
8 er sprang auf, konnte stehen und ging umher. Und er trat mit ihnen in den Tempel, ging umher und sprang und lobte Gott.
9 Und das ganze Volk sah ihn umhergehen und Gott loben;

Beachte in Vers 6, daß Petrus dem Gelähmten sagte, daß er zwar kein Silber und Gold hatte – aber er sicherte dem Mann zu, daß er ihm das, was er hatte, geben würde.

Was hatte Petrus? Er und Johannes besaßen die Kraft und Autorität zu heilen – und sie gaben ihm seine Heilung.

Apostelgeschichte 5, 12–16 (Hoffnung f. alle)
12 ***In Gottes Auftrag vollbrachten die Apostel viele erstaunliche Taten und Wunder.*** **Die ganze Gemeinde traf sich immer wieder im Tempel in der Halle Salomos, fest vereint im Glauben.**
13 Die anderen wagten nicht, sich ihnen anzuschließen; sie sprachen aber mit Hochachtung von der Gemeinde.
14 ***Immer mehr glaubten an Jesus,*** **Männer wie Frauen.**
15 Es kam soweit, daß man die Kranken auf Betten und Bahren an die Straße brachte, damit wenigstens der Schatten des vorübergehenden Petrus auf sie fallen sollte.
16 Selbst aus den umliegenden Städten Jerusalems strömten die Menschen herbei. Sie brachten ihre Kranken und von Dämonen Besessenen, und ***alle wurden gesund.***

Apostelgeschichte 6, 7-8
7 Und das Wort Gottes wuchs, und die Zahl der Jünger in Jerusalem mehrte sich sehr; und eine große Menge der Priester wurde dem Glauben gehorsam.
8 *Stephanus aber, voller Gnade und Kraft, tat Wunder und große Zeichen unter dem Volk.*

Petrus weckte die Toten auf:

Apostelgeschichte 9, 40-41
40 Petrus aber trieb alle hinaus, kniete nieder und betete. Und er wandte sich zu dem Leichnam und sprach: Tabita, steh auf! Sie aber schlug ihre Augen auf, und als sie den Petrus sah, setzte sie sich auf.
41 Er aber gab ihr die Hand und richtete sie auf; er rief aber die Heiligen und die Witwen und *stellte sie lebend vor.*

Apostelgeschichte 19, 11-12
11 Und *ungewöhnliche Wunderwerke tat Gott durch die Hände des Paulus,*
12 so daß man sogar Schweißtücher oder Schurze von seinem Leib weg auf die Kranken legte und *die Krankheiten von ihnen wichen und die bösen Geister ausfuhren.*

Da Jesus gestern, heute und morgen derselbe ist (siehe Hebräer 13,8), sollten wir erwarten, daß diese gleichen Dinge auch heute noch unter Gläubigen geschehen. Gott sieht die Person nicht an – was Er für den einen getan hat, tut Er für den anderen. Und gleichermaßen tut Er das, was Er *durch* einen Menschen tut, auch durch andere, die Ihm gehorchen.

Gemäß Matthäus 28,19 und Markus 16,15-18 sind viele zum Werk des Dienstes berufen, aber nur wenige nehmen diese Berufung und die damit verbundene Verantwortung an – nämlich Selbstbezogenheit und egoistische Wünsche aufzugeben und sie mit den Wünschen und dem Willen Gottes für dein Leben zu ersetzen. **Gott gehorsam sein bedeutet "das zu tun, was Gott uns aufträgt – und zwar JETZT"** – ohne erst lange über das "was ist, wenn" nachzudenken oder darauf zu warten, daß man sich entsprechend fühlt.

Gehorsam bedeutet einfach, "bereit sein, deinen eigenen Willen und deine Wünsche beiseitezulegen, um Gottes Willen und Seine Wünsche für dein Leben zustandezubringen."

Der Gläubige muß erkennen, daß er als Sohn Gottes **Dämonen austreibt und Tote auferweckt**. Er muß begreifen, daß **er die Aussätzigen reinigt und die Kranken heilt**.

HALTE DAS UNBEDINGT IM RICHTIGEN ZUSAMMENHANG!

Es ist sehr wichtig, sich vor Augen zu halten, daß wir all diese Dinge nur **in Christus** tun können! Denn **außerhalb von Christus können wir nichts tun**. Wir sind **Botschafter Christi** und tun alles, was wir tun, in Seinem Namen und **an Seiner Statt** – also **stellvertretend für den Vater, den Sohn und den Heiligen Geist.**

2. Korinther 5, 20 (Schlachter)
20 So sind wir nun *Botschafter an Christi Statt*, und zwar so, daß Gott selbst durch uns

ermahnt; so bitten wir nun *an Christi Statt*: Lasset euch versöhnen mit Gott!

Wenn Regierungsvertreter sprechen oder Entscheidungen treffen, haben sie alle Autorität und Macht hinter sich, die ihr Land besitzt. **Dasselbe gilt für uns. Als Botschafter Gottes steht alle Kraft des Himmels hinter uns.**

In Lukas 10 sehen wir, was für eine wichtige Rolle wir als Botschafter Jesu spielen und welches Gewicht die **Worte** haben, **die wir sprechen**. Die Wichtigkeit, die Jesus unseren Worten beimißt, ist außerordentlich.

Lukas 10, 16
16 Wer euch hört, *hört mich*; und wer euch verwirft, *verwirft mich*; wer aber mich verwirft, *verwirft den, der mich gesandt hat.*

Die folgende Textstelle setzt nun alles in die richtige Perspektive:

Johannes 15, 1-11
1 *Ich bin der wahre Weinstock*, und *mein Vater ist der Weingärtner.*
2 Jede Rebe an mir, die nicht Frucht bringt, die nimmt er weg; und jede, die Frucht bringt, die reinigt er, daß sie mehr Frucht bringe.
3 Ihr seid schon rein um des Wortes willen, das ich zu euch geredet habe.
4 Bleibt in mir und ich in euch! Wie die Rebe nicht von sich selbst Frucht bringen kann, sie bleibe denn am Weinstock, so auch ihr nicht, ihr bleibt denn in mir.
5 *Ich bin der Weinstock, ihr seid die Reben.*

Wer in mir bleibt und ich in ihm, der bringt viel Frucht, denn GETRENNT VON MIR KÖNNT IHR NICHTS TUN.
6 Wenn jemand nicht in mir bleibt, so wird er hinausgeworfen wie die Rebe und verdorrt; und man sammelt sie und wirft sie ins Feuer, und sie verbrennen.
7 *Wenn ihr in mir bleibt und meine Worte in euch bleiben, so werdet ihr bitten, was ihr wollt, und es wird euch geschehen.*
8 Hierin wird mein Vater verherrlicht, daß ihr viel Frucht bringt und meine Jünger werdet.
9 Wie der Vater mich geliebt hat, habe auch ich euch geliebt. Bleibt in meiner Liebe!
10 *Wenn ihr meine Gebote haltet, so werdet ihr in meiner Liebe bleiben, wie ich die Gebote meines Vaters gehalten habe und in seiner Liebe bleibe.*
11 Dies habe ich zu euch geredet, damit meine Freude in euch sei und eure Freude völlig werde.

Der Schlüssel, um die Werke Jesu zu tun, ist in Vers 5: **Wenn wir IN IHM BLEIBEN, können wir alle Dinge tun, aber außerhalb von Ihm können wir nichts tun.** Verse 7 und 10 verdeutlichen das "in Ihm bleiben", das auch im Johannes-Evangelium bestätigt wird:

Johannes 14, 16–23
16 ...und ich werde den Vater bitten, und er wird Euch einen andern Beistand geben, daß er bei euch sei in Ewigkeit,
17 den *Geist der Wahrheit*, den die Welt

nicht empfangen kann, weil sie ihn nicht sieht noch ihn kennt. ***Ihr kennt ihn*****, denn** ***er bleibt bei euch*** **und** ***wird in euch sein.***
18 Ich werde euch nicht verwaist zurücklassen, ich komme zu euch.
19 Noch ein Kleines, und die Welt sieht mich nicht mehr; ihr aber seht mich: Weil ich lebe, werdet auch ihr leben.
20 An jenem Tag werdet ihr erkennen, daß ***ich in meinem Vater bin*** **und** ***ihr in mir*** **und** ***ich in euch.***
21 ***Wer meine Gebote hat und sie hält, der ist es, der mich liebt*****; wer aber mich liebt,** ***wird von meinem Vater geliebt werden*****; und ich werde ihn lieben und mich selbst ihm offenbaren.**
22 Judas, nicht der Ischarioth, spricht zu ihm: Herr, wie kommt es, daß du dich uns offenbaren willst und nicht der Welt?
23 Jesus antwortete und sprach zu ihn: ***Wenn jemand mich liebt, so wird er mein Wort halten*****, und mein Vater wird ihn lieben, und** ***wir werden zu ihm kommen*** **und** ***Wohnung bei ihm machen.***

Wenn wir gemäß diesen Versen Gottes Wort hören und befolgen, nimmt der Heilige Geist in uns Wohnung, und wir werden mit der Kraft Gottes erfüllt. In Vers 23 sehen wir: wenn wir Seinem Wort gehorchen, werden Er (Jesus) und Sein Vater kommen, um in uns zu wohnen. **Das heißt nichts anderes, als daß sie uns nie verlassen werden. Und wenn sie mit uns sind, wer kann uns besiegen?** Was immer sich uns in den Weg stellt, wir werden es überwinden können, **weil Er, der**

in uns ist, größer ist als der, der gegen uns kommt.

> **Epheser 3, 20–21**
> **20 Dem aber, der über alles hinaus zu tun vermag, über die Maßen mehr, als wir erbitten oder erdenken, *gemäß der Kraft, die in uns wirkt*,**
> **21 ihm sei die Herrlichkeit in der Gemeinde und in Christus Jesus auf alle Geschlechter hin von Ewigkeit zu Ewigkeit! Amen.**

Erkenne heute, daß es Seine Kraft ist, die in den Gläubigen am Wirken ist.

Kapitel 8

Glaube

Wir sagen, daß wir Glauben an Gott haben, aber Gott wird **durch unseren Glauben an Sein Wort** bewegt. Du kannst Gott und Sein Wort nicht voneinander trennen, denn sie sind ein und dasselbe. Wenn wir sagen, wir glauben Gottes Wort, handeln aber nicht danach, dann beweist dies, daß wir den entsprechenden Teil Seines Wortes doch nicht wirklich glauben.

Die Aussage im Wort Gottes, daß uns Kraft und Autorität gegeben sind, ist uns zwar geläufig, aber unsere Handlungen bringen ans Licht, ob wir es wirklich glauben oder nicht. Du kannst alle Kraft und Vollmacht haben, die dir zur Verfügung steht, aber solange du sie nicht benutzt – aus welchem Grund auch immer –, wird nichts geschehen.

Alles, was du tust, zeugt von dem, was du glaubst. Deine Handlungen lassen erkennen, ob du überzeugt bist, eine bestimmte Sache tun zu können oder nicht. Sie zeigen auch, ob du jemandem Vertrauen schenkst oder beispielsweise dem Produkt, das jemand repräsentiert. Wenn du das Produkt benutzt, zeigt dies, daß du von seiner Wirksamkeit überzeugt bist – oder du triffst die Entscheidung, daß du nicht daran glauben kannst.

Glaube zieht immer eine Handlung nach sich, und diese Taten bringen immer Ergebnisse hervor. Sehen wir nach, was Gottes Wort über Glauben und Werke oder Glauben und Handlung sagt.

> **Jakobus 1, 22–25** (Schlachter)
> **22** ***Seid aber Täter des Wortes und nicht Hörer allein*, womit ihr euch selbst betrügen würdet.**
> **23 Denn wer [nur] Hörer des Wortes ist und nicht Täter, der gleicht einem Manne, der sein natürliches Angesicht in einem Spiegel beschaut;**
> **24 er betrachtet sich und läuft davon und hat bald vergessen, wie er gestaltet war.**
> **25 Wer aber hineinschaut in das vollkommene Gesetz der Freiheit und bleibt dabei, *nicht als vergeßlicher Hörer, sondern als wirklicher Täter,* der wird selig sein *in seinem Tun.***

> **Jakobus 2, 14–18**
> **14 Was nützt es, meine Brüder, *wenn jemand sagt, er habe Glauben, hat aber keine Werke*? Kann etwa der Glaube ihn erretten?**
> **15 Wenn aber ein Bruder oder eine Schwester dürftig gekleidet ist und der täglichen Nahrung entbehrt,**
> **16 aber jemand unter euch spricht zu ihnen: Geht hin in Frieden, wärmt euch und sättigt euch! ihr gebt ihnen aber nicht das für den Leib Notwendige, was nützt es?**

17 ***So ist auch der Glaube, WENN ER KEI-
NE WERKE HAT, in sich selbst tot.***
18 Es wird aber jemand sagen: Du hast Glauben, und ich habe Werke. Zeige mir deinen Glauben ohne Werke, und ***ich werde dir aus meinen Werken den Glauben zeigen*!**

Im Hebräerbrief heißt es, daß es **ohne Glauben unmöglich ist, Gott wohlzugefallen** (Hebräer 11,6). Glauben zu haben bedeutet weit mehr als nur davon überzeugt zu sein, daß Gott existiert. In Jakobus 2,19 ist die Rede davon, daß sogar der Teufel so viel glaubt.

Wir alle wollen Gott wohlgefallen. Wir alle möchten **Glauben** haben, **der Berge versetzt**. Doch meistens müssen wir uns eingestehen, daß wir keinen solchen Glauben haben. Wie können wir aber nun einen solchen Glauben entwickeln?

Wenn ich sage: "**Der Glaube kommt** aus dem Hören des Wortes Gottes", würden sicher viele entgegnen: "Ich glaube ja Gottes Wort, aber es bewirkt nichts bei mir. Ich habe es ausprobiert, und es hat nichts gebracht." Dann müßte ich erwidern: **"Gott hat nie gesagt, daß man es *ausprobieren* soll – Er sagte, man soll es *tun*!"**

Ich bin schon öfter von Leuten angerufen worden, die mich fragten: "**Wir wissen, daß du großen Glauben hast. Du hast Tote auferweckt.** In unserem Bekanntenkreis ist gerade jemand gestorben, und wir werden versuchen, ihn von den Toten aufzuerwecken. Kannst du uns einen Rat geben?" Ich sage ihnen, "Ja, das kann ich! **Bleibt zu Hause!**" Wenn du vorhast, es zu ***versu-***

chen, dann glaubst du nicht wirklich, **daß du es *tun* kannst**, und deshalb wirst du scheitern.

Was sagt Gottes Wort über Glauben?

Römer 10, 17 (New International Version)
17 ...Glaube kommt *aus dem HÖREN der Botschaft*, und die Botschaft wird gehört durch das *Wort Christi.*

Es wird in diesem Vers sehr deutlich, daß der Glaube aus dem Hören der Botschaft kommt, und diese Botschaft ist das Wort Gottes. Aber ich bin überzeugt, daß **GLAUBE** viel mehr ist als das Hören von Bibelversen.

Viele Leute kennen die Bibel und wissen, was Gottes Wort sagt – vielleicht sogar besser als ich –, aber sie haben keinen Glauben. Was ist der Unterschied?

Wenn in der Bibel der Begriff gebraucht wird, *"jemanden zu kennen"*, bedeutet das *"eine Erfahrung oder eine Beziehung mit dieser Person zu haben"*. Wenn die Rede davon ist, *Gottes Wort zu kennen*, dann ist derselbe Aspekt beinhaltet.

Eine gängige Definition des **Glaubens** lautet: ***"dem Wort Gottes vertrauen, sich darauf verlassen und daran festhalten."*** Das ist eine sehr gute und zutreffende Begriffserklärung, aber ich denke, daß Gott mir eine Definition gegeben hat, die es noch verständlicher macht:

GLAUBE ist: "Eine entwickelte Beziehung mit Gott"

Um Glauben oder Vertrauen in jemanden oder etwas setzen zu können, müssen wir uns erst vergewissern, daß die Person oder der Sachverhalt vertrauenswürdig ist. Deshalb fordert uns Gott in mehreren Schriftstellen auf, Ihn und Sein Wort zu prüfen oder zu testen. Wir können nicht jemandem vertrauen und uns auf ihn verlassen, bis wir Erfahrungen mit dem Betreffenden gemacht haben.

Die Entwicklung deines Glaubens wird maßgeblich von deinen Erfahrungen beeinflußt. **Deine Erlebnisse mit Gott spielen eine entscheidende Rolle dabei, wieviel Glauben du an Ihn hast.** Wenn deine Erfahrung nicht mit Seinem Wort übereinstimmt, wird daraus kein Glaube entstehen. Und wenn kein Glaube entsteht, ist der Mißerfolg vorprogrammiert. **Unsere Erfahrung ist bedeutungslos, wenn sie nicht mit Gottes Wort in Einklang steht.**

So oft höre ich Leute sagen: "Ich brauche keinen Beweis – wenn es in der Bibel steht, glaube ich es." Meiner Erfahrung zufolge haben die meisten Leute, die das sagen, noch kaum etwas mit Gott erlebt und deshalb auch selten, wenn überhaupt, irgendetwas von Gott empfangen. **Zu glauben, daß Gott etwas tun *kann*, und zu glauben, daß Er es auch tun *wird*, sind zwei paar Schuhe.**

Ich habe festgestellt, daß die meisten Leute glauben, daß Gott großartige Dinge tun kann, aber die wenigsten können sich vorstellen, daß

Er diese Dinge für sie tun wird. Das ist so, **weil sie in den kleinen Dingen des Lebens keine Erfahrungen mit Gott gesammelt haben**.

Glaube *kommt*, wenn wir **Gottes Wort hören**, aber der Glaube *wächst, wenn wir* **Gottes Wort tun**. Manch einer sagt: "Ach, ich habe nur Kopfschmerzen – ich kann das ertragen. Ich warte lieber, bis etwas richtig Großes kommt, um dann meinen Glauben zu benutzen."

Wenn du Gott nie für die Heilung von Kopfschmerzen geglaubt hast, wie kannst du erwarten, daß es dir gelingen wird, Ihm für die Heilung von Krebs zu vertrauen? Wenn du nie geglaubt hast, daß Gott dir fünf Dollar geben kann, wie kannst du erwarten, daß du Ihm in einer echten Krise für zehntausend Dollar glauben kannst?

Wenn wir nie die kleinen Erfahrungen mit Gott gemacht haben und schließlich großes Unheil über uns kommt, dann werden wir keine Chance haben, siegreich aus der Krise herauszukommen. **Der Glaube muß entstehen, *bevor* der Sturm kommt. Denn es ist nahezu unmöglich, inmitten des Sturms GLAUBEN zu entwickeln.**

Wir müssen Gottes Wort hören und sehen, damit wir unseren Glauben stärken können, und normalerweise ist das nicht möglich, wenn der Sturm tobt. Dann ist es zu spät, und außer dem Sturm können wir nichts anderes wahrnehmen.

Was sagt Jakobus über den Glauben?

Jakobus 2, 14 u. 17
14 Was nützt es, meine Brüder, *wenn jemand sagt, er habe Glauben, hat aber keine*

Werke?
17 ***So ist auch der Glaube, wenn er keine Werke hat*** [Die NIV lautet an dieser Stelle: *...wenn er nicht VON WERKEN BEGLEITET wird...]*, ***in sich selbst tot.***

Hier sehen wir eindeutig: Wenn jemand sagt, daß er Glauben hat, sollte immer eine **entsprechende Handlung** zu sehen sein. Da der Glaube aus dem Hören des Wortes Gottes kommt, betrachten wir nun, was Gott selbst über das **Hören und Tun Seines Wortes** sagt:

5. Mose 11, 26-28
26 Siehe, ***ich lege euch heute Segen und Fluch vor*****:**
27 den Segen, ***wenn ihr den Geboten des HERRN, eures Gottes, gehorcht*****, die ich euch heute gebiete,**
28 und den Fluch, ***wenn ihr den Geboten des HERRN, eures Gottes, nicht gehorcht*** **und von dem Weg, den ich euch heute gebiete, abweicht, um andern Göttern nachzulaufen, die ihr nicht kennt.**

5. Mose 28, 1-2
1 Und es wird geschehen, wenn du der Stimme des HERRN, deines Gottes, ***genau gehorchst*****, daß du** ***darauf achtest, all seine Gebote zu tun*****, die ich dir heute befehle, dann wird der HERR, dein Gott, dich als höchste über alle Nationen der Erde stellen.**
2 Und ***alle diese Segnungen werden über dich kommen*** **und werden dich erreichen, wenn du der Stimme des HERRN, deines Gottes,** ***gehorchst.***

2. Mose 23, 22
22 Doch wenn du willig *auf seine Stimme hörst und alles tust*, was ich sage, dann werde ich *Feind deiner Feinde sein und deine Bedränger bedrängen.*

Matthäus 7, 24–27
24 *Jeder nun, der* diese meine Worte *hört und sie tut*, den werde ich mit einem klugen Mann vergleichen, *der sein Haus auf den Felsen baute*; [Der Fels ist das Wort Gottes.]
25 und der Platzregen fiel herab, und die Ströme kamen, und die Winde wehten und stürmten gegen jenes Haus; und es fiel nicht, denn es war auf den Felsen gegründet.
26 Und *jeder, der diese meine Worte hört und sie nicht tut*, der wird mit einem törichten Mann zu vergleichen sein, *der sein Haus auf den Sand baute*;
27 und der Platzregen fiel herab, und die Ströme kamen, und die Winde wehten und stießen an jenes Haus; und es fiel, und sein Fall war groß.

Hier kommt unmißverständlich zum Ausdruck, daß dem Hören immer eine **HANDLUNG** folgen muß – **dem Wort gehorchen und es tun**.

Wir sehen auch, daß unsere **Glaubenstat Gott immer veranlaßt, Seinerseits mit einer HANDLUNG** zu unseren Gunsten **zu reagieren.**

Als ich vor kurzem in einer Gemeinde war, kam ein Mann auf mich zu und sagte: "Ich glaube an Wunder, aber ich habe es satt, immer nur zu sehen, daß andere sie tun. Ich möchte selber anfangen, im übernatürlichen Bereich zu wirken. **Ich habe zehn Jahre auf Gott gewartet. Was kann ich tun, um endlich damit anzufangen**?"

Ich antwortete: "Fange an, Gott für die kleinen Dinge zu glauben, dann wirst du dich schnell nach den großen Dingen ausstrecken." **Bevor wir auf große Ziele zusteuern können, müssen wir uns überhaupt erst einmal in Bewegung setzen und mit kleinen Schritten anfangen.**

Ich beobachte oft, daß Leute eines von zwei Dingen tun – und beide sind falsch und bringen keine Ergebnisse hervor. Sie machen sich entweder auf, um ihren Glauben inmitten einer fürchterlichen Situation unter Beweis zu stellen... oder sie versuchen für ein Dutzend Dinge gleichzeitig zu glauben.

Du beweist deinen Glauben nicht, indem du mit dem Spitzenreiter der Katastrophen anfängst, sondern du stellst deinen Glauben auf dem Niveau unter Beweis, auf dem du im Augenblick lebst. **In anderen Worten, beginne AUF DEINEM NIVEAU DES GLAUBENS, nicht auf dem Niveau des Glaubens eines anderen.** Die meisten von uns sollten, bildlich gesprochen, mit Glauben für einen gebrauchten Volkswagen beginnen – und nicht mit Cadillac-Glauben.

Wenn ich in Versammlungen für Leute bete, kommen oftmals Leute zu mir und beteuern, sie hätten großen Glauben. Nicht selten leiden sie gleich an mehreren Krankheiten und wollen, daß ich für alle diese Dinge bete. **Leider habe ich die Erfahrung gemacht, daß Leute, die versuchen, Gott für Heilung in mehreren Bereichen gleichzeitig zu glauben, in den seltensten Fällen**

überhaupt etwas empfangen.

Du *mußt* dich auf das konzentrieren, wofür du Gott glaubst, damit du von Ihm empfangen kannst. Die meisten Leute meinen, wenn sie Gebet für eine ganze Reihe von Dingen suchen, wird sicher *irgendetwas* davon geheilt. Sie glauben für nichts Bestimmtes, sondern hoffen, daß überhaupt irgend etwas geschieht. **Ich bin überzeugt, daß Menschen ihre Antwort empfangen, wenn sie eines ihrer Probleme gezielt in Angriff nehmen und sich auf das konzentrieren, was Gottes Wort über dieses besondere Problem sagt.** Du mußt entschlossen sein und deinen Glauben auf das richten, wofür du glaubst, bevor du es empfangen kannst.

Glaube hat seinen Anfang in Gott, und Er hat jedem von uns das Maß des Glaubens gegeben.

> **Römer 12, 3**
> **3 Denn ich sage durch die Gnade, die mir gegeben wurde, jedem, der unter euch ist, nicht höher ‹von sich› zu denken, als zu denken sich gebührt, sondern darauf bedacht zu sein, daß er besonnen sei, wie *Gott einem jeden das Maß des Glaubens zugeteilt hat.***

Jetzt, wo wir dieses Maß des Glaubens haben, liegt es an uns, es zu nähren und zu entwickeln. Wir nähren diesen Glauben, indem wir Gottes Wort hören, und wir entwickeln ihn, indem wir jeden Tag Gottes Wort glauben und danach handeln. Wenn du Gott nie einen einzigen Tag lang vertraut hast, wie kannst du sagen, daß du Ihm eintausend Tage am Stück vertrauen kannst?

Wir müssen unseren Glauben unter Beweis stellen. Der Glaube beginnt mit Hoffnung, aber am Ende muß der Glaube stehen.

Ich sage es noch einmal: Wir entwickeln unseren Glauben, indem wir jeden Tag neu Gottes Wort glauben und *danach handeln.* Während wir Gott vertrauen und Sein Wort anwenden und so unter Beweis stellen, nimmt unser Glaube an Sein Wort zu. Und während unser Glaube an Sein Wort wächst, wird unser Glaube an uns selbst größer – und zwar wegen der Dinge, die Sein Wort über uns sagt. **Statt zu sagen: "Ich kann nicht", werden wir anfangen zu sagen: "Ich kann, weil Gott sagt, daß ich kann, ...und Er lügt nicht."**

Die Welt versucht unseren Glauben niederzureißen, indem sie uns auf unsere Schwächen hinweist. Aber **Gott ist bestrebt, uns aufzubauen, indem Er uns auf Seine Stärke *in* uns hinweist**. Die Welt hält uns unsere Unfähigkeit vor, aber Gott sagt, daß wir alles vermögen durch Christus. Die Welt sagt, daß wir nichts sind, aber Gott nennt uns Seine Kinder. **Wir müssen uns von dem Alten befreien und das Neue ergreifen.** Gemäß Römer 12 tun wir dies durch das Verändern unserer Denkweise. Wir müssen unser Denken mit Gottes Gedanken in Einklang bringen, die wir in Seinem Wort finden.

Römer 12, 1-2 (Schlachter)

1 Ich ermahne euch nun, ihr Brüder, kraft der Barmherzigkeit Gottes, daß *ihr eure Leiber darbringet als ein lebendiges, heiliges, Gott wohlgefälliges Opfer*: das sei euer vernünftiger Gottesdienst!

2 **Und *passet euch nicht diesem Weltlauf an*, sondern *verändert euer Wesen* durch die *Erneuerung eures Sinnes*, um prüfen zu können, was der Wille Gottes sei, der gute und wohlgefällige und vollkommene.**

Römer 12, 1–2 (Hoffnung für alle)
1 **Weil ihr Gottes Barmherzigkeit erfahren habt, fordere ich Euch auf, liebe Brüder, *mit Leib und Leben für Gott dazusein. Seid ein lebendiges und heiliges Opfer, das Gott gefällt.* Einen solchen Gottesdienst erwartet er von euch.**
2 ***Nehmt nicht die Forderungen dieser Welt zum Maßstab*, sondern *ändert euch*, indem ihr euch *an Gottes Maßstäben orientiert.* Nur dann könnt ihr beurteilen, was Gottes Wille ist, was gut und vollkommen ist und was ihm wohlgefällt.**

Wenn du anfängst, dich im Spiegel des Wortes Gottes so zu sehen, wie Gott dich sieht, wirst du schließlich so handeln, wie Er es dir aufträgt. Gott will, daß wir Täter des Wortes sind, und nicht Hörer allein (Jakobus 1,22). Die Bibel nennt uns Christen. Finden wir heraus, woher dieser Name kommt und was er wirklich bedeutet:

Apostelgeschichte 11, 19–26
19 **Die nun zerstreut waren durch die Bedrängnis, die wegen Stephanus entstanden war, zogen hindurch bis nach Phönizien und Zypern und Antiochia und redeten zu niemand das Wort als allein zu Juden.**
20 **Es waren aber unter ihnen einige Männer von Zypern und Kyrene, die, als sie nach**

**Antiochia kamen, auch zu den Griechen re-
deten, indem sie das Evangelium von dem
Herrn Jesus verkündigten.**
**21 Und des Herrn Hand war mit ihnen,
und eine große Zahl, die gläubig wurde, be-
kehrte sich zum Herrn.**
**22 Es kam aber die Rede von ihnen zu den
Ohren der Gemeinde in Jerusalem, und sie
sandten Barnabas aus, daß er hindurchzöge
bis nach Antiochia;**
**23 der freute sich, als er hingekommen
war und die Gnade Gottes sah, und ermahn-
te alle, mit Herzensentschluß bei dem Herrn
zu verharren.**
**24 Denn er war ein guter Mann und voll
Heiligen Geistes und Glaubens; und eine
zahlreiche Menge wurde dem Herrn hinzu-
getan.**
**25 Er zog aber aus nach Tarsus, um Saulus
aufzusuchen;**
**26 und als er ihn gefunden hatte, brachte
er ihn nach Antiochia. Es geschah ihnen
aber, daß sie ein ganzes Jahr in der Gemein-
de zusammenkamen und eine zahlreiche
Menge lehrten und daß *die Jünger zuerst in
Antiochia Christen genannt wurden.***

Viele von uns sind gelehrt worden, daß die ersten Gläubigen Christen genannt wurden, weil sie wie Christus gehandelt haben. **Es stimmt** – sie predigten das Evangelium und taten wegen ihres Glaubens Wunder. Aber was für eine tiefe Wahrheit darin enthalten ist, übersehen wir meist. Ebenso wie Jesus durch die Salbung des Heiligen Geistes Wunder wirkte, so war auch

Barnabas – der auch mit dem Heiligen Geist erfüllt war – stark im Glauben.

Markus 16,15–18 berichtet uns, daß Gläubige – **Christen** – das Evangelium verkündigten, Dämonen austrieben, auf Schlangen traten, in neuen Zungen sprachen, und wenn sie ihre Hände auf die Kranken legten, wurden diese gesund.

Johannes 14,12 sagt, daß Gläubige – **Christen** – die gleichen Wunder vollbringen wie Jesus... und sogar noch größere als Er.

Stelle dir einmal in Gedanken **die Zusammenarbeit zwischen Jesus und dem Vater** vor, **wenn Jesus Wunder wirkte**.

Jesus sagte, daß Er und Sein Vater eins waren – und sind. Sie sind eins in ihrer Art zu denken und zu handeln. Jesus hat nichts getan, ohne daß Er es nicht zuerst Seinen Vater hat tun sehen, beziehungsweise ohne Seinen Vater zuerst sagen zu hören, daß Er es tun sollte.

Ebenso wie Jesus und der Vater eins sind, sagt die Bibel, daß wir mit Ihm eins sind. Wenn wir eins mit Ihm sind, dann sollten wir nichts tun, außer wenn wir es Ihn tun sehen oder hören, daß Er uns beauftragt, es zu tun.

Was hat Jesus getan?

Matthäus 9, 35

35 Und Jesus zog umher durch alle Städte und Dörfer und lehrte in ihren Synagogen und predigte das Evangelium des Reiches und heilte jede Krankheit und jedes Gebrechen.

Was trug Jesus uns auf?

Markus 16, 15-18
15 Und er sprach zu ihnen: *Geht* hin in die ganze Welt und *predigt* das Evangelium der ganzen Schöpfung!
16 Wer gläubig geworden und getauft worden ist, wird errettet werden; wer aber ungläubig ist, wird verdammt werden.
17 *Diese Zeichen aber werden denen folgen*, die glauben: In meinem Namen werden sie *Dämonen austreiben*; sie werden *in neuen Sprachen reden*,
18 werden *Schlangen aufheben*, und wenn sie etwas *Tödliches trinken, wird es ihnen nicht schaden*; Schwachen werden sie die *Hände auflegen*, und *sie werden sich wohl befinden.*

Johannes 14, 12 (Hoffnung für alle)
12 Eins ist sicher: Wer an mich glaubt, wird *die gleichen Taten vollbringen* wie ich, ja *sogar noch größere*; denn ich gehe zum Vater.

In Johannes 14 sagte Jesus den Jüngern, es käme eine Zeit, in der der Geist Gottes nicht mehr einfach nur *mit* ihnen sein, sondern *in ihnen wohnen* würde. Er sprach vom Tag der Pfingsten. Dann würde die Kraft Gottes nicht mehr immer nur in bestimmten Situationen *auf sie kommen*, sondern Er wäre *in ihnen*, und sie hätten diese Kraft jederzeit zur Verfügung… in jeder Situation ihres Lebens.

Johannes 14, 15–17
15 Wenn ihr mich liebt, so werdet ihr meine Gebote halten;
16 und ich werde den Vater bitten, und er wird euch einen anderen Beistand geben, daß er bei euch sei in Ewigkeit,
17 den *Geist der Wahrheit*, den die Welt nicht empfangen kann, weil sie ihn nicht sieht noch ihn kennt. Ihr kennt ihn, *denn er bleibt bei euch und wird in euch sein.*

In Vers 23 gibt Jesus eine überaus erstaunliche Botschaft. Er sagt, wenn wir Ihn lieben, werden wir Seinem Wort gehorchen…, und wegen unseres Gehorsams wird der Vater auch uns lieben, und Jesus und der Vater werden kommen und bei uns wohnen.

Johannes 14, 23
23 Jesus antwortete und sprach zu ihm: Wenn jemand mich liebt, so wird er *mein Wort halten*, und mein Vater wird ihn lieben, und *wir werden zu ihm kommen und Wohnung bei ihm machen.*

Wenn der Vater, der Sohn und auch der Heilige Geist mit uns und in uns sind, sollten wir fähig sein, alles zu tun, was immer die Situation erfordert.

Vergleichen wir die Namen "Christus" und "Christ". In der Bibel wurde Jesus manchmal mit dem Namen **"Christus"** bezeichnet. Bei anderen Gelegenheiten wurde Er **"Jesus Christus"** genannt, manchmal auch **"Christus Jesus"**. Was bedeutet nun "Christus"? Zuerst müssen wir verstehen, daß "Christus" weniger ein Name als vielmehr ein Titel ist.

"Christus" bedeutet **"DER GESALBTE"**. Wenn also jemand Jesus so angesprochen hat, nannte er Ihn somit "den Gesalbten", "Jesus, den Gesalbten", oder "den Gesalbten, Jesus".

In Antiochia wurden die Gläubigen erstmals Christen genannt – wieder bedeutete der Name **"die Gesalbten"**. Den Gläubigen wurde dieser Titel gegeben, weil sie wie Christus, **der Gesalbte**, handelten. Sie heilten die Kranken, weckten die Toten auf und trieben Dämonen aus. Ganz genauso wie Jesus es vor ihnen getan hatte, predigten sie das Evangelium des Reiches Gottes, und Zeichen folgten ihnen, die ihre Worte bestätigten.

Beim Bibelstudium fand ich zwei Verse, die uns aufzeigen, wie man in der Salbung Jesu wandeln kann. Um die Beziehung der Christen zu Christus zu verdeutlichen, habe ich in den folgenden Versen "Christus" jeweils mit der Definition "der Gesalbte" ersetzt.

Römer 13, 14
14 sondern *zieht den Herrn Jesus, den Gesalbten* (Christus), ***an*, und treibt nicht Vorsorge für das Fleisch, daß Begierden wach werden!**

Galater 3, 27
27 Denn *IHR ALLE*, die ihr auf *den Gesalbten* (Christus) **getauft worden seid, *IHR HABT den Gesalbten*** (Christus) ***ANGEZOGEN.***

Hier sind zwei Komponenten enthalten:

1. **Gottes Anteil** – WIR SIND GETAUFT (eingetaucht) IN den Gesalbten (Christus).
2. **Unser Anteil** – WIR ZIEHEN den Gesalbten (Christus) AN.

Gott erfüllt Seinen Teil bei unserer Wiedergeburt. Wenn wir Jesus als unseren Erlöser annehmen, wird Gott unser Vater, und Er gießt den Geist Seines Sohnes in unser Herz aus. Wir werden eins mit Ihm.

Johannes 14, 19–20
19 Noch eine kleine ‹Weile›, und die Welt sieht mich nicht mehr; ihr aber seht mich: weil ich lebe, werdet auch ihr leben.
20 An jenem Tag werdet ihr erkennen, daß *ich in meinem Vater bin und ihr in mir und ich in euch.*

Römer 6, 3–4
3 Oder wißt ihr nicht, daß *wir, so viele* auf *den Gesalbten* (Christus) Jesus getauft worden, auf seinen Tod getauft worden sind?
4 So sind wir nun mit ihm begraben worden durch die Taufe in den Tod, damit, wie *der Gesalbte* (Christus) aus den Toten auferweckt worden ist durch die Herrlichkeit des Vaters, so AUCH WIR IN NEUHEIT DES LEBENS WANDELN.

Galater 3, 22–27
22 Aber die Schrift hat alles unter ‹die›

Sünde eingeschlossen, damit die Verheißung aus Glauben an Jesus, *den Gesalbten* (Christus), **den GLAUBENDEN gegeben werde.**
23 BEVOR aber DER GLAUBE KAM, wurden wir unter Gesetz verwahrt, eingeschlossen auf den Glauben hin, der geoffenbart werden sollte.
24 Also ist das GESETZ UNSER ZUCHTMEISTER auf *den Gesalbten* (Christus) **hin geworden, damit WIR AUS GLAUBEN gerechtfertigt würden.**
25 NACHDEM aber DER GLAUBE GEKOMMEN IST, sind wir NICHT MEHR UNTER EINEM ZUCHTMEISTER;
26 denn IHR ALLE SEID SÖHNE GOTTES durch den Glauben in *dem Gesalbten* (Christus) **Jesus.**
27 Denn ihr alle, die ihr auf *den Gesalbten* (Christus) **getauft worden seid, ihr habt *den Gesalbten*** (Christus) **angezogen.**

In **den Gesalbten** (Christus) getauft oder getaucht sein ist ein Synonym für die folgenden vier Redewendungen:

In dem Gesalbten (Christus) sein:

Wir sind Söhne Gottes.

Galater 3, 26
26 ...denn ihr alle seid Söhne Gottes durch den Glauben in *dem Gesalbten* (Christus) **Jesus.**

Gott sieht die Person nicht an.

Galater 3, 28
28 Da ist nicht Jude noch Grieche, da ist nicht Sklave noch Freier, da ist nicht Mann und Frau; denn ihr alle seid einer in *dem Gesalbten* (Christus) **Jesus.**

Unsere Vergangenheit wird ausgetilgt, und Er wird unser Leben.

Kolosser 3, 3–4
3 Denn ihr seid gestorben, und euer Leben ist verborgen mit *dem Gesalbten* (Christus) **in Gott.**
4 Wenn *der Gesalbte* (Christus), **euer Leben, geoffenbart werden wird, dann werdet auch ihr mit ihm geoffenbart werden in Herrlichkeit.**

Der Gesalbte (Christus) in dir:

Er ist unsere Hoffnung.

Kolosser 1, 27
27 Ihnen wollte Gott zu erkennen geben, was der Reichtum der Herrlichkeit dieses Geheimnisses unter den Nationen sei, und das ist: *der Gesalbte* (Christus) ***in euch, die Hoffnung der Herrlichkeit.***

Er lebt in dir.

Galater 2, 20
20 und nicht mehr lebe ich, sondern *der Gesalbte* (Christus) **lebt in mir; was ich aber jetzt im Fleisch lebe, lebe ich im Glauben**

‹und zwar im Glauben› an den Sohn Gottes, der mich geliebt und sich selbst für mich hingegeben hat.

Er ist unser Leben.

Kolosser 3, 4
4 Wenn ***der Gesalbte*** (Christus)**, euer Leben, geoffenbart werden wird, dann werdet auch ihr mit ihm geoffenbart werden in Herrlichkeit.**

Alle Christen sollten erleben, wie man in Geburtswehen für Menschen liegt, die in das Reich Gottes hineingeboren werden sollen. Aber unser Wehenschmerz sollte nicht aufhören, bis **der Gesalbte** in ihnen Gestalt gewinnt.

Galater 4, 19
19 Meine Kinder, um die ich abermals Geburtswehen erleide, bis ***der Gesalbte*** (Christus) **in euch Gestalt gewonnen hat…**

Wir werden Söhne Gottes:

Galater 3, 13-14
13 ***Der Gesalbte*** (Christus) **hat uns losgekauft von dem Fluch des Gesetzes, indem er ein Fluch für uns geworden ist – denn es steht geschrieben: »Verflucht ist jeder, der am Holz hängt!« –,**
14 damit der Segen Abrahams in ***dem Gesalbten*** (Christus) **Jesus zu den Nationen komme, damit wir die Verheißung des Geistes durch den Glauben empfingen.**

Weil Jesus, **der Gesalbte**, gekommen ist, wurden wir Söhne und Töchter Gottes.

Galater 4, 4-7
4 ...als aber die Fülle der Zeit kam, sandte Gott seinen Sohn, geboren von einer Frau, geboren unter Gesetz,
5 damit er die loskaufte, ‹die› unter Gesetz ‹waren›, damit wir *die Sohnschaft* empfingen.
6 *Weil ihr aber Söhne seid*, sandte Gott den *Geist seines Sohnes in unsere Herzen*, der da ruft: Abba, Vater!
7 Also bist du nicht mehr Sklave, sondern Sohn; wenn aber Sohn, so auch Erbe durch Gott.

Johannes 1, 12-13
12 ...soviele ihn aber aufnahmen, denen gab er das Recht, *Kinder Gottes* zu werden, denen, die an seinen Namen glauben;
13 die nicht aus Geblüt, auch nicht aus dem Willen des Fleisches, auch nicht aus dem Willen des Mannes, sondern aus Gott geboren sind.

Mit dem Gesalbten (Christus) **überkleidet sein:**

Wir sehen, daß Gott Seinen Teil getan hat, als Er uns in den Geist Seines Sohnes – Jesu, **des Gesalbten** – taufte oder tauchte. Jetzt müssen wir unseren Teil tun, **indem wir uns mit Jesus einsmachen, uns mit Ihm, *dem Gesalbten*, ankleiden oder überkleiden, Ihn "anziehen".**

Römer 13, 14 (Schlachter)
14 Sondern ZIEHET DEN HERRN JESUS ***den Gesalbten*** (Christus) **AN und pfleget das Fleisch nicht bis zur Erregung von Begierden.**

Römer 13, 14 (Einheitsübersetzung)
14 LEGT (ALS NEUES GEWAND) DEN HERRN JESUS, ***den Gesalbten*** (Christus), **AN und sorgt nicht so für euren Leib, daß die Begierden erwachen.**

Wie ziehen wir den Gesalbten an?
Wir müssen uns erinnern, wer der Gesalbte ist – **Er ist Jesus, das Wort Gottes**.

Johannes 1, 1-4 u. 14
1 Im Anfang war das ***Wort,*** **und** ***das Wort war bei Gott,*** **und** ***das Wort war Gott.***
2 Dieses [ER][1] **war im Anfang bei Gott.**
3 Alles wurde durch dasselbe, und ohne dasselbe wurde auch nicht eines, das geworden ist.
4 ***In ihm war Leben,*** **und das Leben war das Licht der Menschen.**
14 Und das Wort wurde Fleisch und wohnte unter uns, und wir haben seine Herrlichkeit angeschaut, eine Herrlichkeit als eines Eingeborenen vom Vater, voller Gnade und Wahrheit.

Mit diesen Gedanken im Sinn beginnen wir zu verstehen, daß wir **den Gesalbten** "anziehen",

---

1 Hinzufügung aus der *New American Standard*

indem wir uns gewissermaßen in das Wort Gottes "einwickeln". Das Wort bewahrt uns, gibt uns Heilung und Befreiung. Dadurch, daß wir dem Wort gehorsam sind, kommt Gottes Segen auf uns. Unserer Not wird durch das Wort Gottes begegnet. Tag und Nacht sollen wir über Sein Wort nachsinnen. Betrachten wir noch einige weitere Schriftstellen über Sein Wort:

Durch **Gottes Wort** werden **wir von neuem geboren**.

1. Petrus 1, 23
23 Denn ihr seid wiedergeboren nicht aus vergänglichem Samen, sondern aus unvergänglichem durch das *lebendige* und *bleibende Wort Gottes*.

Sein Wort ist ein **Licht** und **führt** uns.

Psalm 119, 105
105 *Eine Leuchte* für meinen Fuß ist *dein Wort*, ein Licht für meinen Pfad.

Psalm 119, 11
11 In meinem Herzen habe ich *dein Wort* verwahrt, damit ich nicht gegen dich sündige.

Sein Wort bringt **Frieden** mit Gott.

Römer 5, 1
1 Da wir nun gerechtfertigt worden sind aus Glauben (der aus dem Hören des Wortes Gottes kommt)**, so haben wir Frieden mit Gott durch unseren Herrn Jesus Christus...**

Wir empfangen **Heilung** und **Befreiung** aus **Seinem Wort**.

Psalm 107, 20
20 Er sandte *sein Wort* und heilte sie, er rettete ‹sie› aus ihren Gruben.

Sprüche 4, 20–22
20 Mein Sohn, auf *meine Worte* achte, *meinen Reden* neige dein Ohr zu!
21 Laß sie nicht aus deinen Augen weichen, bewahre sie im Innern deines Herzens!
22 Denn *Leben* sind sie denen, die sie finden, und *Heilung für ihr ganzes Fleisch*.

Wenn wir auf Gottes Wort hören und danach handeln, **werden Seine Autorität, Seine Kraft und Sein Segen *auf* uns und *durch* uns fließen**.

Es ist mein Gebet, daß du durch dieses Buch Erkenntnis darüber empfängst, wer du in Christus, in **dem Gesalbten**, bist – und daß du anfängst, in der Fülle dessen zu wirken, wer du in Ihm bist. Und wenn dies geschieht, vergewissere dich, daß Gott alle Ehre dafür bekommt und du nichts davon für dich zurückbehältst – denn ohne Ihn können wir nichts tun, aber **in Ihm ist uns alles möglich!**

Hast Du Christus angenommen?

Du kannst Gottes Kraft nur dann in deinem Leben haben, wenn du von neuem geboren bist. Wenn du Jesus nie **persönlich** eingeladen hast, in dein Leben zu kommen und dir deine Sünden zu vergeben, ermutige ich dich, es jetzt zu tun. Im Römerbrief heißt es, daß du Ihn **persönlich** bitten mußt, dir deine Sünden zu vergeben. Niemand kann dir das abnehmen.

Römer 10, 9–13
9 ...daß, wenn du mit deinem Mund Jesus als Herrn bekennen und in deinem Herzen glauben wirst, daß Gott ihn aus den Toten auferweckt hat, du errettet werden wirst.
10 Denn mit dem Herzen wird geglaubt zur Gerechtigkeit, und mit dem Mund wird bekannt zum Heil.
11 Denn die Schrift sagt: *»Jeder, der an ihn glaubt, wird nicht zuschanden werden.«*
12 Denn es ist kein Unterschied zwischen Jude und Grieche, denn er ist Herr über alle, und er ist reich für alle, die ihn anrufen;
13 *»denn jeder, der den Namen des Herrn anrufen wird, wird errettet werden.«*

Wenn Du glaubst, daß Jesus gestorben ist, um den Preis für deine Sünde zu zahlen, und daß Gott Ihn von den Toten auferweckt hat, lade ich dich ein, **dieses Gebet mit mir zu sprechen**:

Gott, ich bin ein Sünder. Bitte vergib mir meine Sünden. Ich nehme Deinen Sohn Jesus als mein Retter an, und ich anerkenne den Preis, den Er für meine Sünden bezahlt hat: Sein vergossenes Blut.

Jetzt, Vater, verspreche ich, daß ich Dein Wort lesen werde, damit ich herausfinde, wie ein Christ ist, und dann werde ich wie ein Christ handeln. Ich werde regelmäßig in die Gemeinde gehen – nicht nur einmal oder zweimal im Jahr – denn dann kann ich durch die Stärke und die Ermutigung von Geschwistern stark werden. Ich erkenne, daß wir einander brauchen. Wenn ich schwach bin, wird mir meine Gemeindefamilie helfen und mich ermutigen… und wenn andere schwach sind, werde ich helfen und sie ermutigen.

Vater, weil Du mir vergeben hast, vergebe ich mir nun auch selbst. Dein Wort sagt, daß meiner Sünden nie mehr gedacht werden wird. Dafür danke ich Dir.

Vater, ich entscheide mich auch, denen zu vergeben, die mich verletzt haben, und ich bitte Dich, daß auch Du ihnen vergibst. Ich weiß, daß sie genauso wie ich von Satan betrogen wurden. Bitte schicke jemanden, der ihnen von Jesus erzählt, damit sie auch Christen werden können. Danke, Vater. Amen.

Peter Bamm, 1897 geboren, war Sachse. Als Schiffsarzt und als Kassenarzt, als Chirurg und als studierter Sinologe hat er die Welt und die Menschen kennengelernt. Mit 26 Jahren begann er, für die *Deutsche Allgemeine Zeitung* nachdenkliche und heitere Feuilletons zu schreiben, die er während der Nazizeit, obwohl ein unbequemer Autor, in zwei Bänden veröffentlichte (heute: »Die kleine Weltlaterne« und »Anarchie mit Liebe«). Nach dem Zweiten Weltkrieg, den er als Militärarzt durchlebte, wurde Peter Bamm zu einem der meistgelesenen deutschen Autoren. Sein Bericht über den Rußlandfeldzug, »Die unsichtbare Flagge«, wurde ein außergewöhnlicher Erfolg. Es folgten viele erfolgreiche Bücher wie »Frühe Stätten der Christenheit«, »Welten des Glaubens« und »Alexander oder Die Verwandlung der Welt«. 1972 veröffentlichte er seine Autobiographie »Eines Menschen Zeit«. Seit 1956 war er Mitglied der Deutschen Akademie für Sprache und Dichtung und seit 1957 des PEN-Zentrums der Bundesrepublik Deutschland. 1972 erhielt er das Große Bundesverdienstkreuz. Peter Bamm starb 1975 in der Schweiz.

Von *Peter Bamm* sind als Knaur-Taschenbücher erschienen:

»Anarchie mit Liebe« (Band 88)
»Die kleine Weltlaterne« (Band 105)
»Ex ovo« (Band 166)
»Adam und der Affe« (Band 272)
»Eines Menschen Zeit« (Band 417)
»Am Rande der Schöpfung« (Band 424)
»Ein Leben lang« (Band 596)
»Eines Menschen Einfälle« (Band 645)
»Die unsichtbare Flagge« (Band 3016)
»Frühe Stätten der Christenheit« (Band 3042)
»An den Küsten des Lichts« (Band 3195)
»Alexander oder Die Verwandlung der Welt« (Band 3223)
»Alexander der Große« (Band 3265)

und als Taschenbuch-Kassette mit 5 Bänden:

»Sämtliche Werke« (Band 451)

Vollständige Taschenbuchausgabe
Droemersche Verlagsanstalt Th. Knaur Nachf., München
© 1955 by Kösel-Verlag, München
Genehmigte Lizenzausgabe
Umschlaggestaltung Alexander Gnirke
Die Karten zeichnete Roland Ruff
Satz Süddeutsche Verlagsanstalt
und Druckerei GmbH, Ludwigsburg
Druck und Bindung Ebner Ulm
Printed in Germany · 17 · 3 · 285
ISBN 3-426-03042-0

Gesamtauflage dieser Ausgabe: 160 000